O cão em nossa casa

Perguntas e Respostas

Théo Gygas

O cão em nossa casa
Perguntas e Respostas

São Paulo
2009

Editora Gaia

© Global Editora, 2002

1ª Edição, Discubra – Distribuidora Cultural Brasileira, 1973
2ª Edição Revista e Ampliada, Editora Gaia, São Paulo 2009

Diretor Editorial
Jefferson L. Alves

Diretor de Marketing
Richard A. Alves

Gerente de Produção
Flávio Samuel

Coordenadora Editorial
Ana Paula Ribeiro

Assistentes Editoriais
João Reynaldo de Paiva
Lucas Puntel Carrasco

Revisão
Agnaldo Alves
Tatiana Y. Tanaka

Consultoria Técnica
Daniela Sanzi

Imagem de Capa
©LWA-Dann Tardif/Corbis

Projeto Gráfico e Capa
Reverson R. Diniz

Dados Internacionais de Catalogação na Publicação (CIP)
(Câmara Brasileira do Livro, SP, Brasil)

Gygas, Théo
  O cão em nossa casa : perguntas e respostas / Théo Gygas ; 2ª ed. revista e ampliada – São Paulo : Gaia, 2009.

  Bibliografia
  ISBN 978-85-7555-170-7

  1. Cães 2. Cães – Adestramento 3. Cães – Criação 4. Cães – Cuidados 5. Perguntas e respostas I. Título

08-05773   CDD-636.7082

Índices para catálogo sistemático:
  1. Cães : Criação : Perguntas e respostas   636.7082

Direitos Reservados
Editora Gaia Ltda.
(pertence ao grupo Global Editora
e Distribuidora Ltda.)

Rua Pirapitingui, 111-A – Liberdade
CEP 01508-020 – São Paulo – SP
Tel.: (11) 3277-7999 – Fax: (11) 3277-8141
e-mail: gaia@editoragaia.com.br
www.editoragaia.com.br

Obra atualizada conforme o
Novo Acordo Ortográfico da Língua Portuguesa

Colabore com a produção científica e cultural.
Proibida a reprodução total ou parcial desta obra
sem a autorização do editor.

Nº de catálogo: **2374**

O cão em nossa casa
Perguntas e Respostas

Chapter 5

Graphics
responses

SUMÁRIO

COMPORTAMENTO 9

SAÚDE 35

ADESTRAMENTO 45

CRIADORES E CRIAÇÃO............83

RAÇAS 89

ALIMENTAÇÃO 99

Comportamento

Comportamento

1 • Se eu castrar meu cão macho, ele vai perder o interesse pelas fêmeas?

Não. O comportamento dos cães castrados melhora no convívio diário. Eles ficam mais calmos, não brigam tanto com outros cães e diminuem os xixis para demarcação de território. Em algumas situações, só pelo fato de haver na vizinhança uma cadela no cio, o cão fica dias sem comer, ou se lambe tanto que mancha o pelo e até se fere.

Se o dono não for criador de cães, é bem mais fácil adquirir outro filhote da mesma ou de outra raça do seu cão que colocá-lo para cobrir uma cadela; então, o ideal é castrá-lo quanto antes. Isso previne doenças (como tumor de próstata) e influencia na melhora do comportamento do animal.

2 • Mesmo castrado, o macho pode montar na fêmea?

Monta, sim. E, se a fêmea estiver no cio e permitir, eles até cruzam. Porém, sem risco de prenhez. Se o macho cruzar em um período inferior a 60 dias da data da castração, corre-se o risco de prenhez da fêmea.

3 • Por que alguns cães são tão medrosos?

O medo é o principal motivo que torna a vida do cão mais difícil e infeliz. Algumas de suas principais causas são:

• Tudo o que acontece com os filhotes nos três primeiros meses de vida fica guardado em sua memória, muitas vezes causando dificuldades em seu desenvolvimento. Exemplo 1: se a ninhada tomar uma chuva muito forte, provavelmente os cães terão muito medo de água, independentemente da raça. Exemplo 2: ao comprar cães que estão dentro de gaiolas, você certamente terá um cão medroso e com problemas comportamentais, pois eles ficam expostos a várias situações desagradáveis sem condições de defesa.

• Perder o período de socialização do cão, evitando expô-lo a situações diversas quando filhote, é prejudicial. Tudo deve ser feito com calma e alegria: ele pode passear no colo enquanto não anda no chão, brincar com as pessoas que visitam a sua casa. Ter contato com outros cães também é importante, afinal o medo do desconhecido é normal.

• Cães tratados com violência desenvolvem o medo. Noventa por cento das mordidas de cachorros acontecem porque eles se sentem ameaçados, e não por simples vontade de morder as pessoas. Portanto, jamais use violência com seu cão, pois existem outros meios bem mais corretos e eficazes para educá-lo.

4 • Quando sabemos se o cão está ansioso ou irritado?

Um cão pode ficar ansioso por alguns motivos, como:
• Ao esperar o dono voltar do trabalho. Isso, com o passar do tempo, pode se tornar um problema, pois o animal fica tão ansioso, que começa a antecipar o horário da chegada dos donos fazendo algumas "artes" durante a espera interminável. Pode também ficar nervoso quando vê o dono pegar as chaves do carro, a carteira ou a bolsa para sair (ver solução nas respostas 7 e 15).
• Ao querer passear, o cão fica excitado, olhando para a guia o tempo todo.
• Ele também pode, por ansiedade ou irritabilidade, latir, babar, lamber-se ou mordiscar o próprio pelo, ficar ofegante, bocejar algumas vezes, lamber os lábios, andar de um lado para outro repetidamente e não "ouvir" comandos, além de se tornar agressivo em situações de extrema ansiedade. "Dono ansioso é cão ansioso."

5 • Tenho um cão macho. Devo adquirir outro macho ou uma fêmea para fazer companhia a ele?

Os cães adoram a companhia de outros cachorros, mas a junção do mesmo sexo pode ser um problema. O ideal é unir sexos opostos, para evitar disputa de território. Normalmente, onde se tem um casal de cães, a fêmea dita as ordens e o macho lhe atende sem muitas complicações.

É importante que ambos sejam castrados. Além de evitar cria, você proporcionará uma vida mais saudável aos animais, pois a castração diminui a incidência de doenças. Se só o macho for castrado, ele cobrirá a fêmea mesmo assim, a não ser que a castração seja realizada enquanto o cachorro for muito filhote.

Se os dois não forem castrados, a cadela terá seu período de cio de seis em seis meses, o macho vai cobri-la e ela ficará prenhe, o que será pior se eles forem de raças diferentes.

O ideal, portanto, é ter um macho e uma fêmea castrados.

6 • Os cães sentem solidão?

Sim. Principalmente se ficarem sozinhos o dia todo (o máximo de tempo indicado para um cão ficar sozinho é um período igual ou inferior a quatro horas). Nesse caso, é possível que os animais fiquem entediados, por isso começam a roer móveis ou mordiscar a si mesmos. Se o dono não tem tempo e não quer mais um cão para fazer companhia ao outro animal, o indicado é contratar um passeador ou levar o cão a uma creche especializada.

7 • Quando saio para trabalhar, meu cachorro fica latindo, e os vizinhos reclamam do barulho. O que devo fazer?

Os cães sofrem do mal da separação. Para eles, a casa só fica agradável quando seu dono está por lá. Há algumas maneiras de evitar que o cão sinta isso:
- Não dê tchau ao cão quando estiver saindo de casa. Cerca de dez minutos antes de sair, deixe-o no próprio cantinho, não fique chamando-o, nem jogando bolinha para ele, nem o abraçando ou beijando. Enfim, haja como se ele não estivesse em casa. Afinal, o dono pode estar em casa e, em alguns momentos, isso não deve fazer diferença para o cão. Mesmo quando estiver em casa, deixe-o em algum cômodo onde você não esteja, para que o cachorro crie certa independência.
- Quando chegar em casa, não cumprimente o cão, nem faça festa imediatamente, pois esse comportamento afirma a ideia de que "a vida só é boa quando estamos juntos". Antes de dar atenção a ele, guarde suas coisas e dê uma volta de aproximadamente cinco minutos. Depois disso, brinque com seu cão como se nada tivesse acontecido: jogue a bolinha, chame-o para correr, mas jamais associe coisas boas somente ao fato de estarem juntos. Isso porque quem acabará sofrendo serão os donos, os vizinhos e principalmente o cão.
- Deixar petiscos em casa para que ele os encontre durante o dia também vai estimulá-lo a brincar sozinho.

8 • Meu cão macho vive urinando em todos os cantos da casa. Por que isso ocorre e como devo evitar?

Isso ocorre porque seu cão está tentando provar que é o dono da casa e demarca cada pedaço dela, quer chamar sua atenção ou reprimir um comportamento seu (por exemplo, deixá-lo sozinho ou prendê-lo num local de que ele não gosta). Para corrigir o comportamento indesejado, o ideal é identificar em que situação isso ocorre com mais frequência.

Não limpe a urina na frente dele, pois, se o objetivo era chamar a atenção do dono, ele perceberá que conseguiu. Broncas tardias são totalmente ineficientes. Se o vir urinando, diga "não!". Em seguida, leve-o até o local correto, mesmo que ele ainda não tenha terminado; então afirme: "Xixi é aqui".

9 • Por que o cão corre atrás do próprio rabo e o morde?

Os cães desconhecem sua parte traseira. Você percebe isso se eles tentarem subir uma escada como as utilizadas pelos bombeiros: os cachorros se agarram com as patas da frente e praticamente se atrapalham com as de trás. O rabo, para eles, não pertence ao próprio corpo, por isso ficam andando atrás dele o dia todo. Para resolver essa situação, massageie diariamente a parte traseira do seu cão. Isso se aplica a qualquer um, principalmente aos filhotes, pois, aprendendo a conhecer essa parte do corpo mais cedo, eles não terão esse tipo de comportamento e vão adquirir uma melhor coordenação motora.

A falta de atividades físicas, de brincadeiras e de ocupação também fazem o cão morder o próprio rabo, por ansiedade e por tédio.

10 • Meu cão tem o hábito de cavar o chão, mesmo sendo de cerâmica. Por que isso ocorre?

Os cachorros têm alguns hábitos herdados de seus antepassados lobos, como cavar um buraco para depois enterrar algum objeto, por exemplo, um biscoito, um ossinho, um brinquedo. Dependendo da raça, os cães podem cavar com mais facilidade, pois alguns deles foram criados para fazer buracos e caçar tatus (por exemplo, os da raça Teckel, antigo Dachshund).

Eles também cavam o chão para gastar as unhas, ou cavam antes de se deitar, para afofar o chão, ou para encontrar um solo mais frio.

11 • Por que os cães cheiram a região anal de outros cães?

Eles tentam se reconhecer por meio dessa região e também identificar se podem ou não ser líderes uns dos outros.

12 • Meu cão come as próprias fezes. Por que isso acontece e o que devo fazer?

Existem alguns motivos possíveis para um cão comer as próprias fezes, por exemplo:
• Apresentar falta de vitaminas.
• Estar com vermes.
• Ter levado bronca depois de fazer algo em lugar errado e querer esconder.
• Ter ficado muito tempo numa gaiola ou num canil sujos, onde ele mesmo acabava fazendo a limpeza.
• Sentir-se atraído pelo cheiro forte das próprias fezes, causado por uma repentina mudança no tipo de alimentação (de ração para comida).
• Imitar o comportamento da mãe limpando a ninhada.

O ideal é limpar as fezes do cão logo após ele defecar. Se flagrá-lo comendo, dê bronca e depois leve-o ao veterinário, para descartar as hipóteses clínicas.

13 • Qual é a idade ideal para separar o filhote da mãe? É verdade que, se isso acontecer muito cedo, ele pode ter problemas de comportamento, como insegurança, quando for maior?

A idade ideal para separar o filhote da mãe é a partir do 50º dia de vida. Se separado antes, ele pode realmente apresentar problemas de comportamento, como insegurança ou medo – é bom lembrar que o excesso de medo vem acompanhado muitas vezes por agressividade. Claro que existem situações nas quais não se pode evitar a separação, como nos casos em que a cadela morre ou os cachorrinhos são encontrados sem a mãe. Em tais situações, é importante manter a ninhada junta até os primeiros 50 dias.

14 • Cães e gatos podem conviver pacificamente na mesma casa? Como acostumá-los a viver juntos?

Os cães podem conviver com os gatos na mesma casa. Para facilitar as coisas, você deve adquirir primeiro o gato, pois ele é mais reservado que o cão.

A linguagem corporal de cada um deles é muito diferente, causando assim o conhecido estranhamento entre ambos. Mas, se um dos dois (cão ou gato) for filhote, o relacionamento pode ser bastante tranquilo, o que não ocorrerá se ambos forem adultos.

15 • Meu cão é extremamente ansioso. O que devo fazer para diminuir essa ansiedade?

Não "crie" situações em que ele possa ficar ansioso, por exemplo, não se despeça ao sair, nem o atraia o tempo todo para o mesmo cômodo da casa em que você está. Ao sair, deixe ossinhos e petiscos para que ele se distraia. Ou seja, procure não aguçar a ansiedade do seu cão.

Não faça festa ao chegar, não o excite quando for buscá-lo em algum lugar, não o incentive a passear; não fique dizendo: "vamos passear, vamos passear...", porque o cão pode se antecipar ao horário do passeio e ficar ansioso demais, não permitindo que você coloque a coleira e a guia, pois ele vai ficar pulando e, assim que sair de casa, vai começar a arrastar você.

Procure agir de forma natural: pegue a guia com calma, coloque-a no cão, dirija-se ao portão e, se perceber que ele está puxando, ganindo de ansiedade, volte para dentro de casa e saia novamente, até que o cão saia do seu lado, sem mais complicações.

Comportamento

16 • Como devo agir em situações de brigas entre cães? Existe alguma maneira de separá-los sem o risco de me machucar?

No momento da briga, não grite, pois isso estimula os cães a brigarem mais. Se estiver sozinho, será difícil separar com as mãos sem se machucar. Um jato de extintor de incêndio ou água gelada pode ser eficaz. Agora, se duas pessoas estiverem disponíveis, cada uma deve pegar um cão pelas patas traseiras, virá-los lateralmente e puxá-los para trás, de maneira brusca, para evitar reações indesejáveis. Buzinas marítimas também costumam funcionar bem, pois os cães se assustam e se sentem punidos.

17 • Como evitar que o cão faça "bagunça" ou estrague as coisas da casa para chamar a atenção do dono quando ele, por exemplo, sai ou viaja?

Quando se sentem entediados ou solitários, os cães normalmente fazem "bagunça". Eles se antecipam a isso quando percebem que estão sozinhos. De fato, muitas vezes, os cachorros antecipam as situações.

Por exemplo, se o cão está acostumado a ter seu dono chegando em casa por volta das 18 horas, dia após dia irá mais cedo para a frente da porta, até que se sentará na frente dela logo depois de seu dono sair de casa. Isso pode acontecer se o cachorro não tiver nenhuma outra distração dentro de casa. Uma boa saída para acabar com essa "bagunça" é deixar alguns ossinhos, bifinhos e brinquedos que ele não possa despedaçar, nem comer. Além disso, um passeador ou uma creche especializada também podem ser boas alternativas.

Ao chegar em casa, não valorize a "bagunça"; afinal, seu cão a fez especialmente para você e, se ele perceber irritação ou excitação, pode parecer que seu objetivo foi alcançado.

18 • O que fazer quando o cão sente ciúme de uma criança que acaba de nascer?

O que ele sente não é ciúme, mas sim posse ou liderança. O processo para que o cão aceite um bebê deve começar muito antes do nascimento da criança. Por isso, é bom deixá-lo em contato com uma peça de roupa do nenê, para que conheça o cheiro da criança. Deixe-o também cheirar o berço e passar perto dele.

Outra boa estratégia é adquirir uma boneca, carregá-la no colo, fingir que a amamenta e depois colocá-la sobre a cama, para que desperte a atenção do cão. Se ele demonstrar alguma atitude agressiva, repreenda-o. Jamais o recompense, achando que o fará gostar daquilo. Recompense-o apenas se ele cheirar, se não subir na cama ou se tiver outra atitude positiva.

19 • Os cães sabem quando está chegando a hora da própria morte?

Eles não têm consciência dos acontecimentos, nem das consequências de alguns fatos. Mesmo assim, quando a morte se aproxima, os cachorros podem se sentir mais cansados ou doloridos, além de apresentar diferentes tipos de comportamento, como se aproximar mais dos donos ou se isolar, ficar mais chorões ou amuados. Portanto, muitas vezes, os cães demonstram que estão perto do fim.

20 • Minha cachorra, quando come, fica se raspando na parede. Por que isso ocorre?

Após se alimentar, normalmente o cão limpa a boca em tapetes, sofás, paredes ou ainda fica se lambendo. Na verdade, ele está praticando o bom hábito da higiene.

21 • Minha cachorra comeu a própria cria. Por que isso acontece? Como posso evitar tal atitude?

Talvez isso tenha ocorrido por um desvio de comportamento de sua cachorra. De fato há casos em que a fêmea come toda a ninhada. Para evitar isso, é preciso separar os filhotinhos da mãe e amamentá-los com mamadeira.

Outro motivo que pode levar a fêmea a comer um ou mais filhotes é ela perceber que eles têm problemas.

Comportamento

22 • Meu cachorro faz xixi de medo quando um estranho ou alguém chega perto dele. O que devo fazer?

Inicialmente, deve expor o cão às pessoas estranhas, porém sem que elas cheguem perto ou caminhem na direção dele. Se ele não demonstrar medo, premie o animal pelo bom comportamento. Depois, com o cão na guia, aproxime-se devagar das pessoas e, se o animal não demonstrar medo, deve-se recompensá-lo. Caso contrário, mude o foco do passeio, mostre a bolinha ou simplesmente ande em outra direção, até que o cão entenda que as pessoas não farão mal a ele.

Importante: em hipótese alguma, faça-lhe carinhos ou fale "fino" com o cão quando perceber que ele está com medo, pois isso afirmaria seu comportamento e o recompensaria por estar com medo. Não valorize o medo; tente ignorar e agir naturalmente passando confiança ao cão.

23 • O que é a "ansiedade da separação"? O que podemos fazer para evitar que o cão sofra tanto com ela?

A "ansiedade da separação" é um mal de que os cães sofrem, cujos culpados são os donos. Ela é criada quando, inconscientemente, os donos fazem o cão entender que a casa só é agradável quando estão por lá. Eles afirmam isso se despedindo do animal e fazendo festa ao chegar. Também não o deixam sozinho em algum cômodo da casa quando estão presentes. Dessa forma, permitem que o cachorro fique muito ansioso quando estão ausentes. Além disso, o animal pode se lamber, morder-se, uivar, chorar, latir e até destruir coisas.

Para amenizar o sofrimento do animal, dos donos e muitas vezes dos vizinhos, não se despeça ao sair. Cerca de dez minutos antes de sair, deixe o cão quieto no canto dele com petiscos, para entreter-se. Ao retornar para casa, o ideal é não fazer festa imediatamente. Só depois de se ajeitar em casa é que o dono deve dedicar atenção ao seu cão.

Outro bom comportamento quando estiver em casa é evitar chamar seu cão o tempo todo para ficarem juntos no mesmo cômodo. Evitando esse comportamento, o dono amenizará bastante o sofrimento de todos.

24 • Tenho em casa duas cadelas que convivem bem. Porém, quando uma delas entra no cio, acontecem algumas brigas. Por quê? Caso seja possível resolver esse problema, o que devo fazer?

Durante o cio, a cadela pode apresentar alterações comportamentais por alterações hormonais. Se você não tem a intenção de cruzá-la, o ideal é castrá-la. Com isso, serão evitados possíveis tumores de mama, pseudociese (gravidez psicológica, que também pode causar agressividade) e alterações de humor.

Agora, se você tem intenção de cruzá-la, a solução será separar as cadelas durante o período em que entram no cio, o que pode ser arriscado e perigoso, porque uma delas pode escapar e acontecer brigas cada vez mais graves.

25 • Minha cachorra muitas vezes come as fezes do meu gato. Por que ela faz isso e como posso evitar esse comportamento?

Fezes de gato têm cheiro muito forte, por isso despertam a atenção de sua cachorra. Nesse caso, a melhor solução é colocar a caixinha de areia do gato em um local onde sua cachorra não tenha acesso.

26 • É verdade que o cão macho tem de cruzar para não ficar estressado e agressivo?

Essa não é a melhor opção para diminuir o estresse e a agressividade do cachorro. Caso você não queira que ele reproduza, a melhor coisa a fazer é castrá-lo. É importante saber que, quanto mais um cão cruza, mais ele vai querer cruzar.

Saiba que os cães de rua, ao disputarem uma cadela no cio, podem ser extremamente agressivos e sentir vontade de cruzar quase todos os dias.

27 • Tenho uma Poodle de 11 anos que sempre dormiu dentro de casa. De uns tempos para cá, ela só quer dormir do lado de fora, no

quintal, mesmo nos dias mais frios. Por que essa mudança de comportamento?

Outro cão dormindo fora da casa, a chegada um bebê, reformas ou o fato de a cadela sentir-se melhor no quintal podem ser alguns dos possíveis motivos dessa mudança de comportamento.

Caso você queira que ela volte a dormir dentro de casa, estimule-a a entrar algumas vezes durante o dia. Procure brincar com sua cadela e, devagar, fazer com que ela fique mais tempo no interior da residência.

28 • Minha cachorra me lambe o tempo todo, e parece querer chamar minha atenção. É algum sinal de que ela está carente?

Alguns cães demonstram felicidade e excitação lambendo seu dono. Porém, se esse comportamento desagrada, deve-se dizer "não!" ao cachorro e deixar de fazer carinho no animal.

Também é uma boa estratégia soprar de leve e continuamente a "carinha" do cachorro enquanto ele lambe.

29 • Por que alguns cães, mesmo castrados, têm o hábito de montar em outros, às vezes até do mesmo sexo?

Conseguir montar em outro é sinal de liderança, não necessariamente algo relacionado à sexualidade. Por isso, às vezes, isso ocorre com cães castrados e do mesmo sexo.

30 • O que faz um cão, às vezes, se tornar agressivo sem motivo aparente?

Ele pode ter desvio de comportamento, com provável causa genética. Pode também possuir excesso de medo ou ter tido pais agressivos.

Considere ainda que, se o cão apanha quando é filhote, desenvolverá um comportamento agressivo ao chegar à idade adulta. Com isso, sentirá que pode desafiar seu líder, que sempre agiu com violência contra ele.

31 • Tenho mais de um cão em casa. Como faço para evitar que eles tenham ciúme uns dos outros?

Os cães, na verdade, não sentem ciúme, mas têm sentimentos de liderança ou possessividade. Para que tais sentimentos não se tornem grandes problemas, os cachorros devem, por exemplo, ter um horário para comer, cada um na própria vasilha, sem que estas sejam trocadas.

Aquele cão que você julga "o mais fraquinho da matilha" não deve ser protegido, senão não ganhará coragem para enfrentar o líder entre os cães. Afinal, na sua ausência, há uma hierarquia entre eles que deve ser respeitada. Portanto, não proteja nenhum dos animais.

Outros dois conselhos importantes: procure não sair com apenas um dos cães para passear e faça-os entender que o "líder" deles é você.

32 • Minha cadela tem 4 anos e, ultimamente, anda muito irritada e inquieta na hora de dormir, à noite. O que acontece com ela?

Ela pode ter passado por algum tipo de estresse próximo ao horário de dormir, por exemplo, um barulho que a irritou (que pode ter sido de fogos de artifício) ou uma briga que presenciou e, por algum motivo, ligou o fato à hora de dormir. Nessas situações, os florais podem ser bem-vindos.

33 • Por que o filhote chora tanto na hora de dormir?

Porque ele tem necessidade do calor da mãe e do choramingar dos irmãos. Nessa situação, não se deve fazer aquilo que não se deseja do cão quando for adulto, como dormir no quarto.

Pode-se oferecer ao filhote um bicho de pelúcia ou um relógio do tipo despertador, cujo tique-taque pode acalmá-lo. O que não pode acontecer é colocá-lo para dormir na caminha dele, na área de serviço e, quando ele chorar, o dono se levantar, aparecer e pedir que fique em silêncio. O cãozinho, nesse caso, associa seu choro ao aparecimento do dono. Independentemente de bronca ou carinho, ele se sente recompensado apenas com a presença de seu dono.

O dono deve, então, sem ser visto pelo cão, fazer um barulho quando o filhote chorar, por exemplo, bater uma revista no chão. Com isso, o cãozinho ficará incomodado e vai parar de chorar para não ter de ouvir aquele som desagradável novamente. Talvez esse procedimento precise ser repetido várias vezes.

Outra boa opção é deixar perto do filhote uma peça de roupa usada pelo dono.

34 • Os cães adultos interagem bem com crianças?

Depende do ambiente em que os cães foram criados, se eles têm contato com crianças, se gostam de brincar, se as crianças não agem com brutalidade ou assustam os animais.

Cães não são de brinquedo, eles sentem dor; em geral, as crianças não entendem esses limites. Por isso, para se defender, os cães fogem ou até mordem os pequenos.

35 • Por que meu cão prefere meu tênis, o controle remoto da TV ou meu celular a seus brinquedos?

Porque todos esses objetos que você citou são importantes para o líder do seu cão (ou seja, você). O cão dá importância para o seu tênis, seu controle remoto e seu celular porque percebe que você os utiliza frequentemente. Parece banal, mas tente ficar com algum dos brinquedos do seu cão em uma das mãos durante alguns minutos por alguns dias; certamente, esse será o brinquedo predileto dele.

36 • Por que os cães pequenos são mais bravos do que os grandes no convívio diário?

Os cães pequenos não são mais bravos, mas sim mais "livres". Por esse motivo, tornam-se os "donos do pedaço", quando, por exemplo, relutam para descer do sofá ou da cama, ou quando estão no colo de seus donos e avançam nas visitas.

Por serem pequenos e terem sempre "carinhas de bebê", muitas vezes deixam de ser tratados como cães para serem tratados como gente. Isso faz com que eles confundam o próprio instinto canino e se tornem cães difíceis, mesmo para seus donos. Geralmente, quando o cão adquirido é um Pastor Alemão ou um Rottweiler, ele recebe mais limites naturalmente, como não entrar em casa, não subir na cama, e isso cria o processo de liderança um pouco mais simples.

37 • Os meus cães, um Poodle e um Cocker Spaniel Inglês, têm causado alguns problemas. O Cocker, que é maior e mais forte, não deixa o Poodle comer, nem pegar os brinquedos, nem deitar no sofá. Por esse motivo, tenho deixado o Poodle dormir em minha cama. Isso é correto?

Não. Inicialmente, o ideal é mostrar aos dois que o líder é você. Mas deixe a relação de liderança entre eles se estabelecer. Afinal, se seu Poodle acata as ordens do Cocker, é sinal de que aceitou ser liderado; portanto, a situação está controlada.

Dicas importantes: não encoraje o Poodle a brigar com o Cocker; saiba que, ao proteger um cão, você, na verdade, o encoraja; na hora da comida, que deve ser estipulada por você, cada um deve comer na própria vasilha, sob sua supervisão.

38 • Resgatei da rua um cão Sem Raça Definida (SRD) muito machucado. Agora, já restabelecido, ele resiste a receber meu carinho. Será que isso é sinal de ingratidão?

Não sabemos pelo que esse cão passou antes de chegar à sua casa. Não sabemos como e nem o que o machucou: se ele apanhava, sofria maus-tratos... Uma causa possível para essa rejeição é o medo que o cãozinho sente de, em vez de receber carinho, ser maltratado.

É importante que você tenha calma e paciência, pois a confiança virá com o tempo, e finalmente ele se aproximará de você. Não tente forçar essa aproximação, porque ele poderá mordê-lo de medo.

Comportamento

39 • Minha irmã tem uma Rottweiler que, quando está presa no canil, late muito. Ela demonstra agressividade e pula para tentar pegar as pessoas que estão passando. Mas, quando está solta, não faz nada, é bem dócil. Como explicar isso?

Essa Rottweiler não está dando sinais de agressividade, mas sim de medo. Medo de ficar presa porque as visitas chegaram. No canil, ela entende que aquela parte da casa lhe pertence, então se sente confiante para latir e demonstrar agressividade. Mas essa braveza é causada por condicionamento de, inconscientemente, ser guardada quando as visitas chegam. Agora, quando está solta, comporta-se normalmente. Por que será? O motivo é o carinho e a atenção que recebe, interagindo com as pessoas. Então, por que deixá-la presa, já que ela é mais feliz solta e não no canil? Pense nisso.

40 • Tenho quatro cães e percebo que alguns têm mais afinidades com outros. Eles escolhem seus amigos?

As afinidades acontecem principalmente por causa da liderança. Um cão se relaciona bem com aqueles que já conseguiu definir a relação de liderança, ou como líder ou como liderado, mas que não tem de ficar disputando.

Os cães descendem dos lobos que viviam em matilhas. Então, no convívio com outros animais, eles definem a hierarquia da matilha e se dividem em grupos.

De qualquer forma, o mais importante é que o dono desses cães seja o líder absoluto.

41 • Sempre que viajo, deixo meu cão em um hotelzinho especializado. Mas, quando ele volta, noto que fica ligeiramente mais triste. Por que isso acontece?

Talvez seu cão esteja reprovando seu comportamento de deixá-lo em algum lugar para viajar. E, quanto mais você suplicar sua atenção, mais o fará entender que ele está certo, pois é como se você o recompensasse por ele ignorá-lo.

Informe-se se ele esteve bem no hotel. Sempre deixe seu cão num lugar em que você confia e, certificando-se disso, deixe que seu cão o procure. Não fique pedindo que ele se aproxime.

42 • Às vezes, quando eu chego em casa, meu cão vai logo se escondendo. Percebo que, sempre que isso acontece, é porque ele fez algo errado. Ele realmente tem consciência do erro?

Quando seu cão vai logo se escondendo, ele não fez apenas uma "arte", mas sim algo para chamar a sua atenção. Sendo assim, mesmo que apanhe, ficará satisfeito, pois conseguiu o que queria.

43 • Quando passeio com meu cão e ele encontra xixi pelo caminho, em algumas vezes lambe, em outras não. Por que isso acontece?

Geralmente, os cães machos lambem a urina de cadelas que estão para entrar ou saíram do cio brevemente. Na urina de um cão existem algumas informações que podem ser interessantes; a idade, o sexo, se é agressivo ou manso, pequeno ou grande. Por isso, o xixi tem muito valor para os cães.

44 • Tem algum problema se meu cão ficar na garagem da minha casa vendo a rua?

Cães que ficam olhando o movimento da rua se tornam estressados e geralmente latem por qualquer motivo, além de ficarem expostos a maus-tratos pelo portão. Por exemplo, podem receber pedradas ou pauladas de pessoas que passam na rua. Infelizmente, agressões são corriqueiras. Outra situação comum é os cães receberem comida de pessoas de fora, o que pode causar diarreia e, na pior das hipóteses, receberem veneno.

45 • O que torna um cão agressivo?

Poucos fatores podem tornar um cão agressivo. O principal deles é o medo. Cães mordem normalmente para se defender.

Outro fator é insegurança: um cão inseguro tenta se impor para evitar que se aproximem dele. E isso é desvio de comportamento.

46 • Um cão pode se arrepender de algo que fez?

Cães não têm sentimento de arrependimento. Até porque eles só conseguem associar algo a um comportamento por, no máximo, três a cinco segundos, para receber recompensas ou punições.

Quando o cão apresenta um comportamento indesejado e vem pedir carinho, podemos dizer que ele na verdade está pedindo autorização para repetir tal comportamento.

47 • Quando levo meu cão para tomar banho no pet shop, ele fica bonzinho durante o banho e deixa que o sequem com calma. Agora, quando tento dar banho nele em casa, é simplesmente terrível. Todos tomamos banho juntos, e ele ainda quer morder o secador. Por que isso acontece?

Seu cão está demonstrando que exerce liderança sobre as pessoas da casa. Tem intimidade e sabe o que pode fazer. Já no pet shop, ele não possui a mesma relação com o profissional e não sabe o que pode fazer. Talvez ele até tente, mas, se não receber permissão, não levará a tentativa muito adiante.

48 • Por que normalmente um cão escolhe um dono em casa? Minha Pinscher só anda atrás da minha mãe.

Normalmente, o cão escolhe como dono a pessoa com quem fica mais tempo, com que tem mais contato, que o alimenta, que brinca com ele e, consequentemente, exerce mais liderança.

Os cães querem agradar a seu líder, então normalmente a pessoa que eles mais seguem são as que dão menos moleza para eles. Já os liderados não despertam nenhum sentimento, a não ser servir o líder e possivelmente competir com ele.

49 • Os cães e as crianças combinam?

Desde que haja respeito, toda relação é perfeita. Se as crianças respeitarem o espaço dos cães, não puxando orelhas, apertando ou judiando, tudo se torna mais fácil.

Em geral, cães adoram o contato com crianças, porque elas são sinônimo de festa, brincadeira e alegria, além de alvo de comida fácil, pois as mãos e a boca são mais próximas do chão.

Cães ajudam no desenvolvimento das crianças, e é muito importante ensinar a elas, desde cedo, que eles precisam de água, comida, carinho, banho e escovação. Isso para a criança significa começar a adquirir responsabilidade.

50 • Eu tinha duas Poodles (mãe e filha), mas a mãe morreu há mais ou menos dois meses. Desde então, a filha tem demonstrado falta de vontade de brincar e só fica deitada pelos cantos. Ela sente saudade?

Ela sente falta de uma referência que antes tinha e agora não tem mais. Sente falta do líder da matilha, e isso a deixa desanimada. Para animá-la, ofereça passeios na rua e brincadeiras com bolinhas.

51 • Existe alguma faculdade de comportamento canino?

Não existe.

52 • Soube que um cão pode morder quando sente medo. É verdade?

Medo e insegurança são a causa de 99% das mordidas dos cães. Um cão não é agressivo sem ter motivos; ou ele demonstra medo de algo conhecido ou não foi socializado.

Cães que mordem sem motivos aparentes têm desvio de comportamento.

Comportamento

53 • Às vezes, meu cão levanta a pata e faz xixi em mim. Será ingratidão?

Isso é sinal claro de liderança. Seu cão demonstra claramente ser seu líder. Então, você deve recuperar a liderança para ter uma relação tranquila com ele. Para isso, você pode tomar as seguintes providências:
• Controle a alimentação do cão; ofereça-lhe ração, aguarde 15 minutos e, se ele não comer, retire. Mas faça isso após as refeições das pessoas da casa.
• Restrinja o espaço dele na casa, por exemplo, cozinha ou lavanderia. Se ele dormir na cama de alguém da casa, tente retirá-lo.
• Quando ele estiver rosnando, não faça carinho nem o pegue no colo.

54 • Meu Pastor Alemão tem 8 anos. De uns meses para cá, eu percebi que ele está brincando menos e dormindo mais. Nem liga tanto para a bolinha que antes o agradava. Ele está doente ou ficando velhinho mesmo?

Ele está ficando velhinho, realmente. Por isso, não brinca com tanta frequência e dorme bastante. É coisa da idade, mesmo. Agora é hora de pensar na qualidade de vida que ele tem e precisará para os próximos anos.

55 • Existe a possibilidade de um cão não levantar a pata para fazer xixi?

Existe, sim. Castrando um cão até os seis meses e habituando-o a fazer suas necessidades no jornal ou no fraldão, muito provavelmente ele não levantará a pata para fazer xixi.

56 • Meu cão tem 4 anos e agora começou a ficar territorialista. Se outro cão chega perto do meu portão, ele quer atacá-lo, late muito, baba e fica até ofegante. Antes, ele não era assim; será que é da idade?

Pode ser. Seu cão está mais adulto e não está muito para brincadeiras. Desenvolveu ao longo do tempo o senso de proteção em relação ao seu território.

57 • Prefiro andar com meu cão sem guia. Mas colocaram esta norma no meu prédio: "Cão sem guia, dono com multa". Andar com a guia pode fazer meu cão infeliz?

Andar sem a guia pode fazer dono e cão infelizes. Por mais adestrado e obediente que seu cão seja, acidentes podem acontecer. Um carro pode passar correndo e atropelá-lo, ou então outro cão atacá-lo. Pode não parecer, mas as normas do seu prédio estão protegendo seu cão.

58 • Existe cão racista?

Não existe cão racista; isso é apenas um mito. Muitas vezes, os cachorros não convivem com pessoas de etnias diferentes da família com que estão acostumados, por isso demonstram reações diferentes. Mesmo assim, muitas dessas pessoas têm medo de cães por acreditarem nesse mito.

59 • É verdade que um cão sente quando alguém tem medo dele?

É verdade, sim. Muitas vezes, ouvimos comentários do tipo: "Tinha 20 pessoas lá e o cachorro veio me cheirar, logo eu que morro de medo de cachorros".

Quando a pessoa tem medo de alguma coisa, ela libera um hormônio que se chama adrenalina. Esse hormônio é liberado, acelerando o coração, quando a pessoa é exposta ao causador do medo. Por exemplo, num assalto, normalmente, o assaltante está com a adrenalina alta e os batimentos cardíacos alterados.

Se a pessoa tem medo de cães, o ideal é não forçá-la a ter contato com eles. Isso porque os cachorros percebem essa alteração de comportamento e se sentem atraídos. Eles não entendem se a pessoa tem medo ou se ela está prestes a fazer algo contra eles.

60 • Meu cão demonstra muito medo da minha empregada quando ela o chama. Ele se deita no chão e vai rastejando. Ela pode estar tratando-o mal ou será que é incompatibilidade de gênios?

É preciso avaliar um pouco mais as reações dele. Sei de cães que se deitam e vão em direção às pessoas abanando o rabo e, quando chegam perto, pulam, fazem festa e não demonstram medo. Agora, se seu cachorro muda o comportamento que normalmente teria com outras pessoas só quando está com ela, se demonstra medo, não faz festa nem fica alegre, realmente algo errado está acontecendo. E não seria apenas incompatibilidade.

61 • Meu cão ama posar para fotos. Isso é possível?

É possível, sim. Seu cão provavelmente recebe elogios e recompensas quando posa para fotos. Dessa forma, associou a câmera a uma coisa boa.

62 • Tenho uma Rottweiler e um Golden no quintal. Os dois estão sempre juntos, ele até pegou muitas manias dela. Isso é normal? Ele perdeu as características da raça?

Ele "aprendeu" algumas coisas com ela em relação a guardar o quintal, mas não espere que ele ataque um ladrão, por exemplo, pois continua a ser um Golden, amável, carinhoso e brincalhão. Mas não perdeu as características da raça. Fique tranquilo.

63 • Quando está dentro da caixa de transporte, meu cão quer pegar todo mundo. Quando sai dela, é um doce. Existe explicação para isso?

Na verdade, seu cão está protegendo a caixa de transporte. Solto, ele não precisa se preocupar em proteger nada.

64 • Tenho uma Rottweiler e, como trabalho fora, ela fica o dia todo sozinha. À noite, ela não dorme, aliás nunca a vejo dormindo. Será que não dorme nunca?

Cães de guarda dormem pouco, geralmente de dia, por isso você nunca percebe quando ela dorme.

65 • Minha cadela adotou uma ninhada de gatinhos, mas não os amamentou. Ela os limpava, dormia com eles, ensinou-os a brincar. Isso é comum?

É mais comum do que se imagina. E, quanto maior for a convivência, mais hábitos caninos os gatinhos vão adquirir.

66 • Todos os dias, um menino provoca meu cão, que fica na garagem. Se um dia o cachorro escapar, pode ser que corra atrás do menino?

Com certeza, é ele quem seu cão perseguirá. Pode ter 30 pessoas na rua, mas o cão saberá de quem vai correr atrás.

67 • A vaidade de um dono pode prejudicar um cão?

Sim. Muitas vezes, para satisfazer a própria vontade, o dono não reflete se o que faz vai ou não prejudicar o animal ou acarretar algum problema comportamental no futuro.

68 • É possível um cão cruzar com a própria mãe?

Um cão não tem laços familiares como os humanos. Ele não sabe quem é sua mãe, sabe apenas que é uma cadela no cio; portanto, se houver mãe e filho na mesma casa, o que deve ser feito é a castração de um ou de ambos.

69 • Encontrei um Cocker muito sujo e assustado na porta da minha casa. Estou com ele há dois meses e agora fiquei sabendo de alguém que pode tê-lo perdido. Será que ele não vai preferir ficar comigo?

Não necessariamente, a não ser que ele não fosse bem-tratado antes. Se se perdeu por qualquer motivo, quando vir sua antiga família, o cão se lembrará dela e ficará feliz. É admissível que você tenha apego pelo cachorro, mas certamente a família ficará grata pelos cuidados com o animal. Vocês podem, no caso, fazer um trato: quando o cão for pai, você ganha um filhote dele; assim, todos ficarão satisfeitos.

70 • Tenho uma SRD (Sem Raça Definida) que, quando fica sozinha, destrói minhas coisas. Mas as do meu marido e da minha filha ela nunca pega. Isso tem explicação?

Tem, sim. Na hierarquia dessa matilha, seu marido e sua filha estão acima de sua cadela, e você está abaixo. Ou seja, você é liderada por ela. Então, quando ela fizer algo que lhe desagrade, é preciso modificar a hierarquia dessa matilha.

71 • Todas as vezes que faço festa para o meu cachorro ou quando alguém chega em minha casa para brincar com ele, meu cão faz xixi. Isso é normal?

É ansiedade. Quando alguém for à sua casa, peça que ignore seu cão nos primeiros cinco minutos, até que a presença daquela pessoa se torne normal ao cão. Então ela poderá agradá-lo.
No seu caso, diminua a festa que faz para ele temporariamente, até ele superar esse problema.

72 • Meu cachorro deixa qualquer pessoa fazer-lhe carinho. Só que, quando a pessoa vai tirar a mão, ele morde. Por que ele faz isso?

Parece ser um cão dominante. Ele não quer que você tire a mão nem pare de fazer carinho. A mordida é uma forma de ele repreendê-lo.

73 • Ouvi dizer que as fêmeas são as líderes da matilha. Isso é verdade?

É verdade, sim. Os cães trazem isso da época dos lobos. As fêmeas cuidam da toca, enquanto os machos saem em busca de comida.

74 • Os cães precisam de rotina?

Quanto mais regrado for o dono, mais rápido o cão aprenderá. Isso porque cães aprendem por condicionamento e repetição. Quem segue uma rotina faz as mesmas coisas todos os dias. O cão associa essa rotina e a executa.

Saúde

75 • Remédios alternativos melhoram o comportamento dos cães?

Sim. São utilizados florais de Bach e homeopatia. Existem veterinários especializados em remédios alternativos que podem apresentar resultados ótimos. São realmente uma boa opção, que podem ter resultados um pouco mais lentos, porém mais naturais.

76 • Minha cachorrinha lambe constantemente as patas, até formar feridas. O que está acontecendo com ela?

Ela está passando por alguma situação de estresse ou ansiedade. Note se alguma coisa mudou, por exemplo, um novo cachorro, um bebê na casa, uma visita que permanece alguns dias. Isso pode causar estresse no animal, que começa a lamber as patas para descarregar essa carga. Nesse caso, passeios mais longos ou com mais frequência podem resolver o problema.

Ao perceber que sua cachorra está se lambendo, você deve distraí-la com outra coisa; só depois saia. Se sair imediatamente, ela vai perceber que, ao se lamber, é recompensada com passeios.

Se a cachorra estiver ansiosa, talvez esse sintoma tenha sido provocado por alguma separação. Nesse caso, não se despeça ao sair, nem faça festa ao chegar, mas distribua petiscos pela casa para que ela os encontre enquanto estiver sozinha. Verifique com seu veterinário se é necessário algum medicamento para curar as feridas.

77 • Qual é a melhor maneira de acostumar meu cão a escovar os dentes?

A melhor maneira de acostumar um cão a qualquer procedimento – seja escovar os dentes, seja tratar dos ouvidos, seja ficar deitado em consultas veterinárias, seja tomar vacina – é mostrar-lhe que isso é agradável; acostumando-o desde filhote, será mais fácil. Agora, se o cão for adulto, sempre que ele se mostrar um pouco menos resistente deve ser premiado com carinhos e petiscos. Se o cão for forçado a fazer algo, entenderá cada vez mais que esse é um procedimento doloroso e não deixará que se repita.

78 • Tenho muita dificuldade para dar comprimidos ao meu cão. Qual é a melhor maneira de fazê-lo?

Os comprimidos podem ser oferecidos ao cão amassados e diluídos em água, dentro de uma seringa sem agulha, que deve injetar o medicamento pela lateral da boca dele.

Outra opção é uma cápsula palatável, dentro da qual se coloca o comprimido, fechando-a. Depois, deve ser oferecida ao animal como petisco.

Também como petisco, pode-se colocar o comprimido dentro de um pedaço de salsicha.

Em último caso, abra a boca do cão, coloque o comprimido perto da garganta, feche a boca dele e aguarde, até que ele engula.

79 • Meu cão tem o hábito de roer paredes e objetos. Ele pode estar com vermes?

Sim, ele pode estar com vermes, ou simplesmente tentando chamar sua atenção; isso porque ele reprova algum comportamento seu. Após realizar um exame parasitológico e descartar a possibilidade de vermes, procure deixar petiscos ou ossos pela casa. Assim, o cão se manterá ocupado e não terá mais interesse em roer paredes.

80 • Todas as vezes que preciso segurar meu cão no veterinário é um tormento. De uns tempos para cá, quando passo na porta do consultório, ele já começa a tremer e quer fugir. Devo trocar de veterinário?

Fazer isso não será necessário nem eficaz, pois para ele voltar a tremer novamente bastará identificar o local do próximo veterinário. O ideal é habituá-lo a outros passeios que não apenas o veterinário. Crie o costume de segurar seu cão deitado com você em casa. Se der certo, se ele aceitar, recompense-o com petiscos. Leve-o ao veterinário apenas para um passeio, mesmo sem necessidade de nenhum procedimento, e peça que o especialista ofereça um petisco a seu cão. Ensine ao animal a ter prazer de frequentar aquele local.

SAÚDE

81 • Meu cão vomita sempre que eu o coloco para fora de casa. Isso pode indicar algum tipo de nervosismo ou estresse?

Se ele perceber que, ao vomitar, você o deixa entrar novamente, então pode ter a certeza de que o animal sempre fará isso. Você deve, por desencargo de consciência, levá-lo ao veterinário e fazer uma consulta de rotina. Mas não descarte a possibilidade de que tal reação de seu cão pode ser comportamental.

82 • Minha cachorra esteve no cio há cerca de dois meses. Agora, pegou uma boneca da minha filha e, desde então, não conseguimos nos aproximar dela. O que pode estar acontecendo?

Sua cachorra está com pseudociese (gravidez psicológica). Verifique se as mamas dela estão cheias de leite e tente retirar a boneca, pois esta só estimulará a produção de mais leite. E isso poderá se transformar em um tumor de mama. O ideal seria que sua cachorra fosse castrada após passar a pseudociese, para que esse problema não volte a acontecer.

83 • Minha Schnauzer não come direito. Deixo ração para ela o dia todo e tenho a sensação de que ela só "belisca". O que devo fazer?

Realmente, tendo comida à vontade, o cão não consegue valorizar ou entender que, se não comer, ficará sem. Pensando no caso das pessoas, não carregamos nosso almoço, nem nosso jantar o dia todo para, na hora que der fome, comer.

84 • Meu cão dorme muito. Às vezes, parece que não tenho cachorro em casa. Isso é normal?

Dependendo do ritmo de vida oferecido ao cão, é normal sim, mas não é bom. O cachorro fica entediado e acaba dormindo demais. Então ofereça passeios pelo menos duas vezes por dia. Se deixá-lo interagir com outros cães, com certeza ele passará a dormir menos.

85 • Todas as vezes que saímos de carro, minha Border Collie baba muito. Isso é normal?

Ela baba por medo de andar de carro. Para que isso não ocorra, coloque-a dentro do automóvel ainda na garagem e recompense-a com petisco, ligue o carro e continue recompensando. Desça do veículo e brinque com ela.

Com muita paciência, abra novamente a porta do carro e induza-a a subir. Diga "suba!" e, assim que ela atender-lhe, recompense-a. Abra a porta e diga "desça!", recompensando-a novamente. Ligue o carro e tire-o da garagem. Dê uma volta curta e recompense-a.

Com o avançar dos dias, vá fazendo percursos maiores. Cinco minutos por dia são suficientes.

86 • Os cães podem ajudar pessoas a se recuperar de doenças ou deficiências?

Sim, eles podem ajudar e muito na recuperação de doentes. Há iniciativas sociais que visitam hospitais, asilos e casas de saúde e levam seus cães fisioterapeutas, que fazem as pessoas mexerem os braços ou as pernas. Enfim, eles podem e devem auxiliar no tratamento de doentes.

87 • Minha cadela deu cria há seis meses e está exausta. Ela sofre muito porque ainda está amamentando alguns filhotes. O que eu faço?

Mesmo que ela sofra, os filhotes continuam mamando. Isso porque sua cadela não dá broncas, mas sim demonstra submissão a eles.

Separe os filhos da mãe com urgência. Além de machucá-la, eles já deveriam estar no novo lar. O período de socialização já passou, e isso causará problemas no desenvolvimento desses filhotes. Eles certamente serão inseguros e possivelmente agressivos. A fêmea já deveria entrar no cio de novo, o que provavelmente não acontecerá, e ela pode ter problemas hormonais no futuro.

SAÚDE

88 • Os cães realmente precisam usar roupinhas? Eles gostam?

Algumas raças sentem mais frio do que outras, por exemplo, Pinscher, Teckel (antigo Dachshund) ou Pug, pois têm pelo curto e menos denso.

O clima em que os cães vivem também os faz sentir mais ou menos frio, exatamente como as pessoas. Se o cão mora em uma região de muito calor, quando chegar a algum lugar frio, certamente vai sentir a diferença.

Além de ser uma questão de costume, a roupa pode fazer o cão se sentir bem.

89 • Meus cães matam ratos e ficam desfilando com eles na boca. Eu morro de nojo, mas parece que os cachorros adoram. Devo banir essa prática?

Ratos são perigosos para a saúde dos seus cães. O ideal é limpar a região onde eles encontram os ratos para tentar livrá-los desse perigo. Mantenha o cão com a vacinação do veterinário em dia. Mas, se porventura ele aparecer com um rato morto na boca, é conveniente levá-lo ao veterinário imediatamente. Vale lembrar que ratos são igualmente perigosos para pessoas e para animais.

90 • Embarcarei em uma viagem de avião que durará, pelo menos, 13 horas. Meu cão terá de ser despachado na caixa de transporte. Vale mesmo a pena levá-lo?

Isso depende. Quanto tempo você vai ficar fora? Normalmente, os cães são medicados para viajar e é preciso adaptá-los à caixa antes da viagem. Nem sempre eles se adaptam rapidamente quando chegam ao destino. Então, se a viagem for curta, o ideal é deixar seu cão com alguém ou em um hotel especializado, ambos de confiança. Assim será melhor para você e para ele.

91 • Vou para uma reunião a trabalho numa cidade vizinha, onde permanecerei por três dias. Reservei vaga num hotel onde aceitam cães, mas me preocupo em saber onde deixo meu cão enquanto participo da reunião. O que devo fazer?

Seu cão terá de ficar confinado no quarto do hotel enquanto você participa das reuniões, e isso não será bom nem para você, nem para ele. Leve-o a viagens em que vocês possam aproveitar. Deixe-o com alguém de confiança ou em um hotel especializado.

Outra opção é verificar se há alguma creche especializada próximo ao hotel; então seu cão ficará sob cuidados especiais até que você retorne.

92 • Quanto tempo um cão saudável aguenta brincar sem riscos para a saúde?

Os cães conseguem brincar tranquilamente por oito horas num só dia, mas é preciso tomar um certo cuidado.

Embora a maioria dos cães demonstre cansaço e pare de brincar naturalmente, se ficarem ofegantes além do normal, isso deve ser levado em consideração, bem como o excesso de calor.

Cães loucos por bolinha têm dificuldades de parar de brincar. Border Collies, por exemplo, precisam de limites, pois não sabem a hora de parar.

93 • Disseram-me que devo levar meu cão no carro dentro de uma caixa de transporte. É verdade?

É, sim. Cães devem ser contidos dentro do carro, na caixa de transporte ou no cinto especial para cães. É lei. Então, se o cão estiver solto, isso pode gerar uma multa, além de ser perigoso o cão ver outro cão fora do carro, ou ver um gato, ou uma bola e na ansiedade pular em cima do motorista, causando um acidente.

94 • Vou fazer uma viagem de carro que dura quatro horas. Como meu cão vai comigo, eu terei de tomar algum cuidado?

Observe a bagagem de seu cão. Nela, não podem faltar:
• Guia e coleira.
• Guia de Trânsito Animal (GTA).
• Carteirinha de vacinação.
• Ração.
• Potes para comida e água.
• Petiscos.
• Medicação que o cão costuma tomar, além de remédios específicos receitados pelo veterinário para casos excepcionais, como enjoos durante a viagem.
• Cama.
• O número do telefone de um veterinário da cidade para onde estão indo, em caso de emergência.

No dia da viagem:
• Opte sempre por sair em um horário em que o cão não sofra, seja com o calor, seja com o excesso de congestionamento.
• Cães em veículos devem ser levados dentro da caixa de transporte. Outra opção é transportar o animal segurado por alguém no banco de trás. Caso a polícia rodoviária pare o motorista com o cão transportado de outra forma, haverá multa e perda de pontos na Carteira de Habilitação, conforme o Novo Código Brasileiro de Trânsito (1997).
• Evite alimentar o cão antes de viajar, pois ele pode enjoar. Prefira oferecer-lhe alimentos e petiscos após a viagem. Caso isso não seja possível, dê-lhe uma quantidade menor antes e no meio do trajeto, em pequenas porções. Se o cão estiver enjoado e vomitar, suspenda a alimentação. Não o force a comer.

Dependendo da duração da viagem, é necessário fazer paradas para que o cão descanse. E também para que possa fazer as necessidades e beber água.

95 • É possível uma cadela com pseudociese (gravidez psicológica) amamentar uma ninhada?

Sim, é possível adotar e amamentar todos eles. Uma cadela com gravidez psicológica se comporta exatamente como aquela que acabou de ter uma ninhada. Também pode acontecer, mas não é muito comum, de uma cadela adotar filhotinhos de gato.

96 • Tenho um amigo que dá anabolizantes para seu Pit Bull. Ele comentou que o cão está mais agitado. Uma coisa tem a ver com a outra?

Tem, sim. Anabolizantes são hormônios, e ele está modificando a quantidade hormonal desse cão. Tal prática é proibida. Além do quê, o cão não poderá acasalar, pois os filhotes nasceriam com sérios problemas físicos e comportamentais.

97 • Minha cadela está prenhe. Certa vez, entrou ladrão na minha casa e ela o rendeu, mas passou por um estresse muito grande. Isso pode prejudicar os filhotes?

Pode, sim, transferir o estresse para a ninhada. Alguns filhotes podem ficar mais agitados, outros mais medrosos. Acalme sua cadela pelo restante da gestação. Trate-a com carinho, para que a situação seja amenizada.

98 • A cada dois meses, eu preciso trocar a ração dos meus cães, pois parece que eles enjoam. Por que isso acontece?

Porque eles não estão dando valor à alimentação. É necessário regrar a alimentação desses cães, com horário e quantidade. Com isso, não será preciso mais trocar a marca da ração.

99 • Quando meu cão fica sozinho em casa, eu deixo a televisão ligada para que ele se distraia. Isso ajuda?

Ajuda, porque ele ouve as vozes da televisão. Há cães que assistem à TV.

Adestramento

100 • Como evitar que meu cão urine pela casa?

Uma boa dica é deixar um cone (ou uma garrafa PET, com algum peso dentro, encapada com jornal) em cima do jornal ou fralda onde ele faz xixi, pois isso o ajudará a acertar quando levantar a pata.

Quando levar seu cão para passear, não permita que ele faça xixi durante quase todo o percurso, demarcando cada árvore, poste ou esquina.

Recompense-o quando presenciar o acerto e não o puna quando repetir o erro, apenas o pegue e leve-o até o jornal. Mesmo que ele ainda esteja fazendo xixi, mostre o local dizendo: "Xixi é aqui".

Nunca limpe a urina do cão feita no lugar errado na presença dele, pois isso valoriza o feito.

101 • Eu mesmo posso adestrar o meu cão?

Pode, sim. Existem leituras muito boas que auxiliam no adestramento do cão. Quanto antes você começar, melhores resultados terá. Agora, se precisar da ajuda de um profissional, acompanhe todas as aulas e realize depois, sozinho, os comandos ensinados; assim, seu cão lhe obedecerá, o que é o ideal, não ao adestrador.

Atente-se ao uso de violência, pois isso é inaceitável. Nenhum método sério de ensino indica que o animal deve receber tapas ou agressões. Caso isso ocorra, interrompa o trabalho imediatamente e contrate outro profissional.

102 • Tenho um filhote que possui o hábito de morder nossas mãos e braços o tempo todo. Como posso evitar esse comportamento?

Nunca o recompense com carinho enquanto ele estiver mordendo. Coloque-o para trás e, se ele voltar, coloque-o novamente para trás, quantas vezes forem necessárias, até que ele desista. Então faça carinho e o recompense com petisco. Mas, se ele tentar morder você novamente, coloque-o para trás e diga "não!".

103 • Como evitar que meu cão fique pulando nas visitas que chegam à minha casa?

Ele deve aprender a não pular em ninguém, embora isso seja normal. Os cães pulam porque, quando filhotes, foram agradados no colo e não percebem que cresceram. Todas as vezes que o cachorro pular, desloque-o para baixo e o agrade no chão. Portanto, jamais o agrade no colo, pois assim recompensaria sua atitude.

Não estimule a ansiedade do cão, agrade-o sempre no chão e modifique o foco da situação, jogue bola ou ofereça petiscos no chão. Assim o animal não assimilará grandes punições em relação aos donos e aprenderá a valorizar outras situações.

104 • Como fazer para diminuir o medo que meu cão tem do barulho de fogos e trovões?

Existem no mercado alguns CDs de barulho de fogos e trovões que começam bem baixinho e vão aumentando devagar. Quando você estiver em sua casa com seu cão, e nada de diferente estiver acontecendo, coloque o CD bem baixinho (num volume quase imperceptível) e continue brincando com ele e recompensando-o.

À medida que o cão for adquirindo confiança em brincar durante a execução do CD, o som deve ser aumentado devagar; não se esqueça de premiá-lo, sempre.

Se ele demonstrar medo, finja que nada aconteceu; não lhe dê petisco algum nem faça carinhos, pois isso afirmará o medo.

105 • Quais são os benefícios e as vantagens em adestrar meu cão?

O adestramento deveria ser regra básica para qualquer dono e seu cão, afinal um cão adestrado é mais feliz, pois tem mais contato com a família (pode passear de carro, de coleira), e com isso acaba por interagir mais com as pessoas.

Outro benefício é que o dono de um cão adestrado pode ficar mais tranquilo, porque sabe que, quando chamar seu cão, não será ignorado. Ou quando pedir que o cão fique, ele não vai desobedecê-lo.

O adestramento torna mais segura a relação entre o cão e seu dono.

ADESTRAMENTO

106 • Como tem sido feito o adestramento ultimamente?

Existem algumas técnicas utilizadas para adestrar um cão, mas a mais fácil e prazerosa é a educação baseada em recompensas, em que o animal começa a entender recompensas e frustrações.

Caso o cão demonstre um bom comportamento, deverá ser recompensado. Do contrário, precisará fazer o correto para ser premiado. Se isso não acontecer, ao esperar a recompensa, ele ficará frustrado. É importante recompensá-lo somente quando demonstrar um bom comportamento.

O adestramento na verdade começa dentro de casa e, com a confiança entre dono e cão estabelecida, é possível também fazer exercícios fora de casa. Mas cuidado: para que o cão não saia correndo pela rua, ele não deverá receber comandos precoces. Os comandos devem ser ensinados de forma clara e objetiva, assim o cão apresentará um bom comportamento e, além de não ficar confuso, poderá aprender novos comandos.

107 • Gostaria de adestrar meu cão, mas ele tem 5 anos. Disseram-me que não adianta tentar, pois ele não aprenderá mais nada. Isso é verdade?

O adestramento hoje consiste em ensinar ao cão de uma forma agradável e prazerosa. Se ele gosta de brincar e de ganhar petiscos, aprenderá em qualquer idade! Sempre é tempo para educá-lo. Saiba que, se o seu cachorro é mal-educado, você teve alguma participação nisso. Mas não se culpe em excesso, pois ainda é possível mudar alguns maus hábitos dele.

É sabido que, quanto antes começarmos, mais rápido teremos resultados, porém nenhum cão é caso perdido.

108 • Quanto tempo dura o adestramento?

Depende do empenho do dono, do que se espera do adestramento e dos vícios e problemas do cão. Por exemplo, um filhote, para atender aos comandos básicos de forma pronta e agradável, pode levar em média três meses. Agora, um cão adulto e medroso, que nunca saiu na rua e tem atitudes agressivas, leva no mínimo seis meses para apresentar algum bom resultado. Um cão nessas condições é infeliz e precisa, portanto, ser trabalhado.

O treinamento leva, na verdade, a vida toda de um cão, mas o trabalho de um adestrador e o aprendizado de um cachorro varia de três a seis meses em média. Quanto antes o trabalho começar, menores serão o tempo e o investimento.

109 • Em que consiste o Agility? Qualquer raça pode participar desse esporte?

O Agility surgiu em 1978, na Inglaterra, como entretenimento para o público que visitava o Crufts Dog Show, uma das maiores exposições de cães do mundo. O intuito era distrair os visitantes.

Baseado em provas hípicas, o Agility consiste em fazer o cão percorrer um circuito de obstáculos no menor tempo possível e com o menor número de faltas. O condutor não pode encostar no animal, nem ter nada nas mãos. O cachorro, por sua vez, não pode estar preso à guia, nem usar qualquer tipo de colar. Se as regras não forem seguidas, a dupla condutor/cão será desclassificada. Até a data da prova, eles não conhecerão o percurso, que·será determinado momentos antes pelo juiz. O condutor fará um prévio reconhecimento do percurso antes do início da prova.

O Agility não é uma prova de velocidade, mas sim de habilidade. Por isso, as faltas nos obstáculos são mais importantes do que as de tempo. Como esporte, além de nos deixar em forma com nosso fiel companheiro, o Agility ajuda a fazer novos amigos e age como uma terapia antiestresse: é realmente relaxante e prazeroso. Pode ser praticado por qualquer tipo de cão, não importando tamanho, raça e se possui ou não *pedigree*. É um esporte para todos!

110 • Como educar os cães para que façam suas necessidades em locais adequados ao ambiente da casa?

Quando o cãozinho chegar em casa, escolha o local onde ele deve fazer as necessidades, forre com bastante jornal e, sempre que acertar, ele deve ser recompensado com festa e petisco. Quando o cão for flagrado fazendo as necessidades em local inadequado, ele deve ser retirado ainda enquanto estiver fazendo e levado para o local correto. Só então, ao terminar, será recompensado. Não adianta punir ou recompensar o cão por errar ou acertar o local desejado depois que isso tenha ocorrido, pois ele não entenderá o motivo da recompensa ou punição.

Vá diminuindo a quantidade de jornal o suficiente para absorver as necessidades do cão. Sempre que ele fizer as necessidades no local correto, incentive e recompense o animal, para reforçar o comportamento.

111 • Que tipo de material é mais indicado para educar os cães a fazer suas necessidades no local correto? Jornal, por exemplo?

Os materiais absorventes, como jornal ou fraldão, mas nunca tecido, pois o cão não entende muito bem em qual tecido deve fazer as necessidades, então pode errar sem ter culpa.

112 • Como se deve treinar um cão para brincar com *frisbee*?

O primeiro passo é desenvolver nele o interesse pelo *frisbee*. Inicialmente você deve rolar o disco pelo chão, para que o cão possa pegá-lo com a boca. Se ele fizer isso, deverá ganhar um petisco como sinal de recompensa.

O segundo passo é jogar o disco para o cão pegá-lo. Caso consiga, troque o disco por um petisco; isso deve ser realizado diversas vezes, porém aumentando aos poucos a distância dos arremessos, até que o animal passe a pegar o disco no alto e a certa distância.

Desse ponto em diante, apenas o treino melhora a capacidade do cão.

113 • Sempre que passeio com meu cão, ele puxa a guia e me arrasta. Como devo agir para que não me puxe tanto?

Podemos dizer que, se há um passeio desagradável, é aquele em que o dono é conduzido pelo próprio cão. A primeira coisa a fazer é levar alguns petiscos e uma bolinha ou outro brinquedo. É importante notar se o cachorro aceita ou ignora esses artifícios durante o passeio pela rua. Se demonstrar interesse, mostre o petisco. À medida que andar próximo a você, recompense-o. Porém, se ele ignorar, segure a guia e, quando o cão passar à sua frente, ou seja, assumir o comando do passeio, mude a direção sem prévio aviso. Assim o animal entenderá que, se não estiver prestando atenção em seu dono, poderá ser surpreendido com uma mudança repentina na direção do passeio. Você só deverá recompensar seu cão com petiscos depois que ele começar a segui-lo; caso não queira petiscos, recompense-o com carinho.

114 • Meu cachorro sempre fez xixi por todos os cantos da casa. Seguindo um conselho que me deram, eu mandei castrá-lo. O problema diminuiu, mas o hábito ainda continua. Será que o adestramento pode resolvê-lo?

Sempre que houver algum problema, procure a ajuda de um bom profissional. Ele certamente poderá orientá-lo a resolver quaisquer tipos de problemas.

A castração realmente diminui um pouco o problema, mas não acaba totalmente, pois trata-se de liderança, demarcação de território e maus hábitos praticados pela família (concedem liberdade ou perderam a liderança) para o cão.

115 • Tenho um Scottish Terrier que morre de medo de passear na rua. Quando vê uma guia, ele se esconde de medo. O que posso fazer para que o cão aprenda a gostar de passear?

Inicialmente ele precisa perder o medo da guia. Para isso, coloque-a no cão e deixe que ele passeie dentro do quintal, ainda que você não a segure na ponta. Depois o recompense com petiscos. Caso ele não os aceite, não insista nem faça carinho. É importante o cão não receber carinho enquanto sentir medo. Para que o cachorro perceba que a guia não lhe faz nenhum mal, ande próximo dele sem chamá-lo. Ele deve continuar com a guia durante todo esse tempo.

O próximo passo é segurar na ponta da guia e conduzir o cão dentro do quintal. Recompense-o e continue andando. Dez minutos por dia são suficientes. Pare quando o cão estiver gostando da brincadeira, isso o estimula a brincar mais.

Por último, leve o cão com a guia para a rua. Procure sair num horário tranquilo e faça da mesma forma que fazia no quintal: pare enquanto ele estiver gostando e não o agrade quando ele estiver com medo. Em breve, vocês terão ótimos passeios.

116 • Sempre que saio para passear com meu Schnauzer, ele fica latindo e pulando, quase me impossibilitando de colocar a guia nele, tamanha é a agitação. Tenho dificuldades para sair com o cão na rua, pois, além disso, ele late sem parar para tudo e todos. Como resolver esse problema?

Comece não excitando o cão na hora de sair de casa, não fale com agitação: "vamos passear? Vamos passear?". Isso deixará o animal muito ansioso e pode ter certeza que metade do seu passeio já estará comprometida.

O passeio está sendo interessante para o cão e estressante para o dono, certo? Você precisa ter calma e paciência para que o trajeto seja agradável. Inicialmente, ainda em casa, coloque a guia no cão e espere-o se acalmar antes de sair. Assim ele entenderá que só será recompensado se ficar quieto.

Durante o passeio, ofereça petiscos para atrair sua atenção. Caso ele passe na sua frente, mude a direção sem avisar, pegando-o de surpresa. Desse modo, o cão prestará atenção em você, não na paisagem.

117 • Quais são os comandos básicos do adestramento?

Os comandos básicos são: "senta!"; "deita!"; "aqui!"; "vem!"; "fica!" e "dá a pata!".

O adestramento deve ser entendido como uma forma de segurança para o cão e o dono. Por exemplo, se o cão escapar da guia na rua, o dono terá a certeza de que, ao chamá-lo, o animal lhe atenderá prontamente.

118 • Quais são os acessórios mais utilizados para o adestramento?

Utilizam-se uma guia longa; um enforcador sem dentes, que pode ser de náilon ou de ferro; brinquedos; petiscos e muita paciência.

119 • Como faço para acostumar meu cão a andar com coleira e guia na rua?

Dentro de casa, deixe o cão com a coleira durante algum tempo. Depois acrescente a guia, segurando-a na ponta. Nesse momento, deixe-o conduzir o passeio dentro de casa.

Quando o cão perceber, já estará passeando de guia, porque perdeu o medo dela. Só assim o dono poderá começar a conduzir o passeio.

120 • Quais são as coleiras e as guias mais indicadas?

O ideal são coleiras e guias de náilon, que são resistentes e não machucam o cão. Jamais utilize enforcador com dentes, pois só traumatizam o animal. Peitorais também não são bem-vindos, pois estimulam o cachorro a puxar seu dono durante o passeio.

121 • Como deve ser feita a escolha de um bom adestrador, que ensine os cães corretamente sem os maltratar?

Todo profissional deve gostar do que faz, bem como esclarecer do que se trata o próprio trabalho. Para saber se isso acontece, o ideal é que o dono acompanhe seu cão desde a primeira aula. Se puder receber alguma indicação de amigos, melhor. Afinal, previamente confiará no trabalho realizado. Porém, caso não tenha essa indicação, deve-se acompanhar o trabalho de perto.

O melhor termômetro que indica o trabalho do adestrador é o próprio cão. Se este fica feliz ao vê-lo chegar e demonstra atender com presteza e alegria aos comandos do dono, então o adestrador é um bom profissional.

122 • Como fazer para evitar que filhotes fujam pelo portão da casa?

Além de fugir, os filhotes podem ser roubados, pois chamam muito a atenção. Aconselhamos que eles sejam colocados em um cercadinho ou então que o portão da casa tenha uma tela protetora. Não é aconselhável deixar os filhotes perto da rua; isso porque, como ainda não tomaram vacinas, ficarão expostos a doenças.

123 • Tenho um Golden Retriever que foi adotado já adulto e demonstra muito medo de vassouras, rodos, mangueiras e principalmente de homens. Será que ele apanhou quando filhote?

Alguns cães demonstram medo de vassouras e rodos sem nunca terem apanhado. Porém, quando eles têm medo de homens, a situação é preocupante.

Podemos arriscar que seu animal não era tratado com o devido carinho. Aí vão algumas dicas: quando ele estiver com medo, não faça carinho, mas se o cão passar próximo a uma vassoura sem demonstrar medo, agrade-o; quando um homem falar com ele, peça que tente usar a voz mais fina e também nunca se dirija bruscamente em direção a seu cão.

124 • Meu cão rouba roupas do varal. O que devo fazer para que ele não faça mais isso?

Faça armadilhas, é um trabalho de bronca despersonalizada. Para que ele não retire mais as roupas do varal, mesmo sem ninguém em casa, amarre ao varal algumas panelas e tampas. Elas cairão assim que seu cão pular. Ao ouvir o barulho, volte lá e a prepare a armadilha outra vez, pois seu cão certamente tentará de novo. Após três ou quatro tentativas frustradas, ele desistirá dessa arte.

125 • Recebi visitas na minha casa e, quando elas foram embora, percebi um xixi em meu travesseiro. Isso não é habitual do meu cão. Por que ele fez isso?

Ele reprovou seu comportamento de dar atenção às visitas e não exclusivamente a ele. Tal atitude é tão desagradável quanto comum. Seu cão demonstra ser seu líder, por isso reveja seus horários de comer, não deixe comida à vontade, não lhe dê petiscos enquanto você almoça e não mude seu comportamento ao receber visitas. Não lhe dê mais nem menos atenção além do habitual.

126 • **Meus cães não aceitam que meu namorado venha dormir na minha casa. Sempre que encontram algum pertence dele pelo caminho, fazem xixi ou destroem o objeto. Como posso melhorar essa situação?**

Seus cães pretendem demonstrar que você lhes pertence. Para eles, todos são membros da mesma matilha, então estão deixando claro que seu namorado é mais fraco hierarquicamente.

Para resolver esse problema, o ideal é contratar a ajuda de um bom profissional. Mas, de início, recompense seus cães na presença do seu namorado e nunca faça carinho neles enquanto estiverem rosnando. Não os agrade mais do que faz habitualmente quando seu namorado não estiver em casa, pois assim eles entenderão que recebem melhor tratamento quando ele não está. Pelo mesmo motivo, não puna os animais o tempo todo quando seu namorado estiver presente.

127 • **Não gosto de cães, pois acho que eles servem apenas para guardar meu estabelecimento comercial. Há algum tempo, não estou tendo sorte com eles, fui mordido pelos últimos três cães que tive e, por consequência, precisei doá-los. Agora tenho um filhotinho de Fila. Quais são as chances de acontecer com ele a mesma coisa que aconteceu com os outros?**

As chances são quase certas. E o maior motivo para isso é o fato de você não gostar de cães. Não gostar é uma coisa, mas agir com agressividade é outra totalmente diferente. Se os cães são tratados com agressividade quando filhotes, com certeza tentarão desafiar o agressor quando forem adultos. Contrate alguém que tenha bom contato com o cão e peça-lhe que o solte, trate-o etc. Tenha contatos positivos com o cão, isso vai melhorar a relação e diminuir o risco de mordidas.

128 • Comprei um cãozinho novo, mas já tenho um Pequinês de 8 anos e ele não está aceitando as brincadeiras, nem a presença do pequeno. O que eu faço?

Agrade sempre ao mais velho. Não defenda o pequeno o tempo todo, pois isso só vai piorar as coisas. Sempre recompense primeiro o mais velho, faça carinho nele mais do que antes, para associar que sua vida melhorou depois da chegada do pequeno. Quanto a não aceitar as brincadeiras, provavelmente é por ele sempre ter sido o único cão da casa. Ou seja, não está habituado a brincar com outros cães. Outro provável impedimento de brincar com alegria é a idade, mesmo que a expectativa de vida dos cachorros da raça Pequinês seja superior a 8 anos.

129 • Todos os fins de semana, eu levo meu cão para passear no parque. Houve uma briga com outro cão e, depois do ocorrido, ele não demonstra mais alegria em voltar lá. Além disso, qualquer cão que se aproxima o deixa com medo de ser atacado. O que devo fazer?

Os cães lembram-se da última coisa que lhes aconteceu nos mesmos lugares. Se ele demonstra agressividade com outros cães somente no parque, um bom começo é deixá-lo brincar e recompensar suas boas atitudes com os outros cães. Passeie com ele na calçada em volta do parque e dê-lhe um prêmio. Aproxime-se mais do local do acidente e o recompense pelo bom comportamento. Mas, se perceber que ele está com medo ou agressivo, nunca faça carinho na intenção de protegê-lo. Isso aprovaria esse tipo de comportamento.

130 • Há seis meses, adotei um cão que já morou em cinco casas diferentes. Às vezes, percebo que ele não gosta da minha casa, nem de mim. Será que terá de se mudar novamente?

São essas mudanças que o deixam desconfortável. Na verdade, ele não sabe se sua casa será o lar definitivo dele. Como isso leva tempo para acontecer, então o período de adaptação desse cão terá de ser respeitado.

Além do que, ele também cria defesas para o que ele imagina que viria a acontecer se ele se mudar novamente.

131 • Meu Pit Bull adora brincar de morder o pneu. Será que estou incentivando sua agressividade?

Não se preocupe: o pneu é um brinquedo para ele. A única regra é o cão saber soltar prontamente quando lhe for solicitado. Isso porque o fato de você ter de disputar o pneu com seu cachorro pode desencadear agressividade por parte dele, já que, em situações como essa, ele não entende bem quem é o líder. O problema não seria o pneu em si, mas a forma com que a brincadeira é conduzida.

132 • Minha amiga está doando um Border Collie, porque ele avança e já chegou a morder sua filha. Ela me disse que o cão demonstra não gostar de crianças. Eu gostaria de adotá-lo, mas tenho um filho de 5 anos. É possível que ele tenha uma boa relação com meu filho?

Se o cão já demonstra agressividade com crianças, você vai apenas pegar o problema da sua amiga para você. É possível minimizá-lo e até fazer o cachorro aceitar crianças, mas seria um trabalho demorado e muito penoso. Então, se esse cão tem a possibilidade de morar onde não tiver crianças, será melhor para ele e para seus novos donos.

133 • Participo de provas de Agility e, de uns tempos para cá, minha Border Collie demonstra muito medo do som alto e não se concentra na pista. Em sua última apresentação, ela ficou com muito medo do juiz e fez cocô na pista, sendo desclassificada. Eu gostaria de continuar competindo, mas o que devo fazer?

Você deve chegar ao local da prova logo no horário de ela competir. Isso para evitar que ela ouça o som alto e se estresse por muito tempo. Em relação ao juiz, tente se posicionar na pista o mais próximo possível da cachorra, para ela não se sentir ameaçada por ele. Tente fazer o treino como se fosse uma prova. Peça que alguém estranho fique dentro da pista, como se fosse o juiz. Depois, se ela agir com naturalidade, recompense-a.

134 • Nunca deixo meus cães subirem na minha cama, mas meu filho deixa. Como faço para que eles entendam que isso é proibido?

O ideal é que o cão não suba em nenhuma cama. Mas, se realmente não tiver jeito, restrinja o acesso a esse local enquanto você estiver em casa. E também feche a porta do quarto quando sair, pois, caso contrário, ele com certeza subirá na sua cama.

135 • Meu Dálmata odeia cães peludos e grandes. Por que isso acontece?

O primeiro fator a ser pensado é o medo. Em algum momento, ele passou por alguma situação de estresse com algum cão grande e peludo? Também pode ser por isso.

Quando algum cão grande se aproximar do seu e ele demonstrar agressividade, simplesmente leve-o para longe sem agradá-lo ou acariciá-lo, pois isso apenas incentivará o medo.

Se você perceber que um cão grande se aproximou e o seu não ficou agressivo, dê-lhe petiscos e carinhos incentivando a atitude.

136 • Meu Golden recebe aulas de adestramento desde os 5 meses. Hoje ele tem 3 anos e não me obedece, porém ama e atende ao adestrador prontamente. O que devo fazer?

Para que isso não ocorra, participar das aulas de adestramento é imprescindível. Ajudará no processo se você repetir os exercícios da aula praticados pelo cão.

É normal que ele associe a figura do adestrador ao passeio, a recompensas e também a um líder definido. Por isso, é fundamental participar da educação do cão.

137 • Tenho um Cocker altamente destrutivo, que come tudo o que encontra. Essa mania tem solução?

Seu Cocker provavelmente está gastando energia no lugar errado. Filhotes normalmente são arteiros mesmo, mas isso tem jeito. A primeira coisa a fazer é dar ossos artificiais e brinquedos a seu cão. Passeios também são bem-vindos, assim como aulas de adestramento. Com isso, os maus hábitos terão solução, sim.

138 • Moro em apartamento, e meu Shetland Sheepdog late desesperadamente quando saio ou quando o interfone toca. Meus vizinhos já reclamaram muitas vezes. Vou precisar me mudar?

Não será necessário se mudar, mas sim canalizar a energia desse cão de outra forma, fazendo-o entender que não pode latir. Em primeiro lugar, não se despeça dele quando sair nem faça festa para ele ao chegar. Enquanto você estiver fora, isso já diminuirá a ansiedade de separação e, consequentemente, os latidos.

Dê broncas despersonalizadas quando o cachorro estiver latindo. Ou seja, não apareça para dar bronca, faça um barulho que o desagrade quando ele latir. Mas não deixe que ele associe o barulho a você ou a outra pessoa, senão entenderá que será "punido" só quando a pessoa estiver presente.

Não o estimule a latir dentro do apartamento em nenhuma hipótese, nem para ganhar petisco, nem para jogar bola etc.

139 • Meu São-Bernardo pula demais, derrubando as pessoas. De uns tempos para cá, estou evitando sair no quintal sozinha, peço que meu marido o prenda e só então saio. Meus filhos também não saem mais. Eu já não sei o que fazer a respeito. Existe alguma solução possível?

Quanto menos contato você e as crianças tiverem com o cão, mais ele vai pular, pois a ansiedade de chegar perto de vocês será cada vez maior.

Adestramento

Procure não estimulá-lo de longe. Chegue perto dele através do portão, aguarde-o pular quanto tempo quiser, mas não o agrade. Quando ele se cansar e parar de pular, acaricie sua cabeça e agrade-o verbalmente ou lhe dê um petisco. Outra saída que pode ajudar é a bronca despersonalizada. Peça que alguém se esconda e, quando o cão pular, a pessoa faz um barulho bem forte, que seja desagradável ao cão. Por exemplo: bater duas tampas de panela uma na outra. Não deixe que o cão associe o barulho a nenhuma pessoa, pois só assim funcionará.

140 • Meu Teckel (antigo Dachshund) não pode ver ninguém comendo. Ele chora, resmunga, late e dá saltos enormes, tentando pegar o que a pessoa está comendo e, geralmente, ele ganha. Estou percebendo que a prática tem se tornado comum e está cada vez pior. O que posso fazer para diminuir? Devo dar petiscos a ele antes de me sentar para comer?

Quanto mais ele atingir o sucesso, ou seja, ganhar o que quer, mais forte serão as investidas. A tendência realmente é piorar. Não dê nada ao cão do que vocês estiverem comendo. Deixe-o chorar, resmungar etc. Apenas ignore.

Antes de começar a comer, não dê petiscos a seu cão. Caso contrário, só reforçaria que ele é o líder e deve ser "obedecido". Não atenda aos apelos do animal. Para isso, tenha paciência e muita força de vontade.

141 • Meu Maltês rosna muito para mim. Tento acalmá-lo fazendo carinho, mas sem sucesso. Há algum método específico para a correção desse comportamento?

Se você der carinho enquanto ele rosna, isso só vai reforçar sua atitude, recompensando-o em vez de reprovar. Faça carinhos em seu cão à vontade, mas, quando estiver rosnando, ele não poderá ser agradado, nem recompensado, em hipótese nenhuma.

Quando ele rosnar, ignore sua atitude: tire-o do colo e não lhe dê atenção, até que ele pare.

142 • Ganhei um filhote de Pit Bull cego. Há como treiná-lo? Ele poderá ter uma vida normal?

Ele poderá ser treinado e terá vida normal, com alguns adendos. Um cão cego atenderá apenas aos comandos verbais. Para aprender, ele terá de ser induzido com petiscos cheirosos bem próximos ao nariz.

Um cão cego NUNCA poderá receber um tapa sequer. Isso porque, sempre que as pessoas se aproximarem dele, a única coisa que ele fará será se defender, pois se tornará inseguro e, consequentemente, um mordedor.

Atendendo às recomendações, ele será um cão normal.

143 • Tenho um filhote de Buldogue Inglês que nasceu completamente surdo. Há a possibilidade de adestrá-lo?

Este cão só atenderá a comandos gestuais. Terá de aprender por indução. Deve-se usar petiscos cheirosos bem próximos ao nariz do cão.

O cachorro não poderá se afastar do dono sem guia, pois correrá muitos riscos como ser atropelado, já que não ouve os carros, ou perder-se, pois não ouve os chamados do dono.

144 • Tenho um Pastor Alemão de 2 anos. Ele late muito por qualquer motivo, diversas vezes ao dia. Gostaria que latisse somente quando visse, sentisse ou ouvisse coisas estranhas. É possível lhe ensinar isso?

O principal é saber onde ele fica. Se ficar vendo a rua, mude-o imediatamente de lugar. Ele pode estar latindo por estresse.

Pode ser também que esteja latindo por ansiedade, por querer atenção, por insegurança e medo. Dando autoconfiança ao cão nos treinamentos diários e nos passeios, ele com certeza vai melhorar.

145 • Tenho um Rottweiler de 3 anos e, sempre que chego em casa à noite, ele me estranha. O que posso fazer? Tenho medo dele.

Quando chegar, chame-o pelo nome. Deixe-o perceber que é você quem está chegando. Faça carinhos pelo portão e entre tranquilamente. No escuro, ele pode estranhá-lo, mas deixe claro ao cão que é você quem está lá.

146 • Tenho duas Rottweilers com 3 anos que são irmãs de ninhada. De uns meses para cá, a relação entre as duas está difícil. Posso melhorar isso ou terei de doar uma delas?

Talvez elas estejam disputando liderança. O primeiro passo é deixar claro que o líder é você. Não as deixe nem "discutir". Quando estiverem rosnando, você já deve intervir. Não fortaleça a mais fraca protegendo-a, pois ela criará cada vez mais coragem para enfrentar a atual líder. A mais fraca e liderada deve continuar sendo assim. Com isso, as brigas devem diminuir.

Mas atenção: esteja sempre atento, pois elas nunca podem chegar a se "pegar", senão a situação ficará insustentável e, dessa forma, você terá de se desfazer de uma delas. De qualquer forma, por enquanto, só com muita atenção e um pouco de trabalho a situação já se torna controlável.

147 • Como evitar que meu cão suba no sofá quando há visitas em casa?

Seu cão não entenderá que, quando há visitas, o lugar dele é no chão. É mais claro se ele não puder subir nunca. Agora, se ter um cão no sofá for agradável para você, coloque um paninho em cima do móvel e condicione-o a subir somente em cima do pano. Para isso, exercite-o colocando o pano no chão e vendo se ele deita. Então, quando a visita chegar, transfira o pano para o chão.

148 • Minha Golden sai todos os dias para nadar conosco. Porém, quando chegamos à casa de alguém que tem piscina, ela vai logo se jogando na água. E não é todo mundo que gosta de cachorro na piscina. O que eu faço para inibir isso?

Mantenha-a contida na guia ou no transporte, porque ela parece não entender quando pode ou não entrar na água.

149 • Tenho um Border Collie e, por causa dele, não consigo passar pano no chão da minha casa. Ele mordisca o pano, rouba-o de mim e sai correndo. Está cada vez mais terrível. O que posso fazer?

Border Collie é um cão para trabalho. Ele consegue transformar tudo em trabalho. Se não tem possibilidade de pastorear ovelhas, leve-o, por exemplo, para fazer Agility ou correr num parque. Mas tente canalizar a energia do seu cão, senão ele vai começar a desenvolver outras manias de trabalho dentro de casa.

150 • Tenho um Poodle de 5 anos extremamente agressivo: ele morde todas as visitas. Além disso, não nos deixa levantar de madrugada. Apesar da idade, ainda dá para mudar isso?

Sempre é tempo de mudar, mas a principal mudança deve partir dos donos. O cão precisa entender que algo na rotina está diferente, então, comece também a modificar suas atitudes. Em primeiro lugar, procure ajuda de um bom profissional. As mudanças que já podem começar agora mesmo são:
• Regrar a alimentação do cão: ofereça ração, aguarde 15 minutos e, se ele não comer, retire. Mas faça isso após as refeições das pessoas da casa.
• Restrinja o espaço dele na casa, por exemplo, cozinha, lavanderia. Se ele dormir na cama de alguém da casa, tente retirá-lo.
• Quando ele estiver rosnando, não faça carinho nem o pegue no colo.
A partir dessas mudanças, você já perceberá as diferenças.

151 • Aulas de adestramento são luxo?

Não, são uma necessidade. É imprescindível ensinar um cão a ficar e a voltar para junto do dono. Ensiná-lo a receber, não pular nas visitas e se comportar bem nos lugares.

Um cachorro adestrado é mais feliz, porque passeia mais. Além disso, tem mais mordomias do que um cão que puxa nos passeios, pula nos donos, late sem controle, entre outras dificuldades. Ele poderá passear de carro, recebendo mais inclusão por parte dos donos e seus amigos.

152 • Levo meu cão para passear na praça duas vezes por semana. Ele se relaciona bem com outros cães e obedece muito bem aos meus comandos. Mas, quando estou saindo para trabalhar nos outros dias, ele escapa pelo portão e corre para a praça. O que devo fazer?

Se esse comportamento é previsível, tente evitá-lo. Antes de sair de casa, ofereça-lhe um osso artificial para roer. Tente mudar o foco da atenção do seu cão. Se for preciso, prenda-o quando você sair, porque, conseguindo fugir, ele estará sendo recompensado e tentará outras vezes.

153 • Tenho uma cadelinha da raça Maltês que é muito apegada a todos da casa. Ninguém pode deitar que lá vai ela subir na barriga. Às vezes, não aguentamos de calor. Como evitar isso?

O Maltês era utilizado como bolsa de água quente para cólicas das rainhas, por isso os cães dessa raça têm a barriga mais quente do que os de outras raças. Para evitar esse comportamento, tente inibir que ela suba no sofá ou na cama perto de vocês. Ou então, quando subir na barriga de alguém da casa, simplesmente retire-a sem broncas ou punições. Em todas as vezes que subir, ela será retirada, até desistir.

154 • É a mesma coisa educar ou adestrar um cão?

Educar um cão é ensiná-lo a se comportar em casa, impor horários para as refeições, estabelecer relação de liderança e ensiná-lo a fazer as necessidades no lugar certo. Adestrar é condicioná-lo aos comandos de obediência: "senta!", "deita!", "fica!", "aqui!", entre outros. O ideal é, primeiro, educar e, depois, adestrar um cachorro, ou fazê-los ao mesmo tempo. Já o adestramento antes da educação não vai funcionar.

155 • Meu cão da raça Fox Terrier odeia crianças. Por isso, tenho medo de que um dia ele escape. Alguma coisa pode ser feita com relação a isso?

Seu cão pode não gostar de crianças por medo ou por falta de convivência. Comece apenas deixando-o ver os pequenos de longe e, quando não demonstrar agressividade, recompense-o. Se ele ficar agressivo, diga o comando "não!" e permaneça no local até que ele pare e receba recompensa. Vá se aproximando devagar, não precisa ser no mesmo dia. Esse processo pode ser lento, mas a paciência é fator importantíssimo.

Todas as vezes que ele vir crianças, diga, por exemplo, o comando: "amigo" e recompense seu cão. Mesmo após várias repetições, não o deixe sozinho com crianças. Lembre-se, o processo é delicado e deve sempre haver supervisão até o cão se tornar confiável.

156 • Posso tornar-me um adestrador profissional?

Ser um adestrador não é tarefa fácil, porque em geral as mudanças devem ocorrer principalmente nos donos. É importante estudar e pesquisar muito, atualizar-se constantemente. Esta é uma profissão que sempre oferece o que aprender; por isso, técnicas ultrapassadas logo perdem espaço no mercado de trabalho.

157 • Que cursos devo fazer para tornar-me adestrador?

Procure no mercado um profissional competente, com boas referências e verifique se ele oferece cursos.

O mais importante é que as técnicas apresentadas nos cursos não maltratem os animais. Pontualidade, assiduidade e respeito não se ensinam, mas são fatores muito importantes para o bom desempenho profissional.

158 • Tenho um cão da raça Montanhês de Berna. Ele é muito carinhoso e amigo, mas pula demais, tem brincadeiras extremamente brutas, nos derruba, morde etc. Comprei um livro de adestramento e estou tentando trabalhar sozinho, mas confesso não ter atingido nenhum resultado. Vou precisar de ajuda profissional?

Sim, vai precisar de ajuda profissional. Mas lembre-se: nenhum método eficaz machuca ou agride o animal. E é muito bom que você acompanhe as aulas para dar continuidade ao trabalho.

159 • Meu cão é muito possessivo com as coisas dele. Outro dia, uma visita se sentou perto de sua caminha e ele fez xixi na pessoa, causando-me enorme constrangimento. Posso evitar isso uma próxima vez?

Evitar uma próxima vez não sana o problema. O ideal é acabar com o inconveniente. Procure ajuda profissional e estabeleça a liderança em sua casa, pois, ao que parece, seu cão é o líder na atual circunstância.

160 • Meus filhos brigam pela atenção da nossa Schnauzer. É difícil agradar aos dois. Devo adotar mais um cão?

Por tratar-se da relação de duas crianças, entendo que pegar mais um cão só fará que sua Schnauzer seja esquecida, porque os dois vão querer o novo filhote. Tente estabelecer regras como: um a leva no passeio e o outro a traz de volta; ela não dormirá na cama de nenhum dos dois. Assim o cão será mais feliz e deixará de ser motivo de brigas.

161 • É possível um Labrador ter medo de água?

É possível, sim. Um Labrador pode ter medo de água por alguns motivos. Tudo o que acontece com um filhote no seu primeiro trimestre de vida fica gravado em sua memória. Se você tiver contato com algum irmão de ninhada do seu cão, pergunte ao dono se ele também demonstra medo.
Amenizar o medo é possível, assim como fazer seu Labrador gostar de água. Primeiro, recompense-o só por se aproximar da piscina. Depois, jogue os brinquedos e deixe que ele veja. Aos poucos, a aproximação com a água se tornará fácil.

162 • Ouvi dizer que, quando meu cão pular em mim, eu devo dar um tapa em seu focinho. Está certo ou errado?

Está errado. Seu cão pula em busca de carinho. Esqueça o tapa no focinho. Você deve colocá-lo para baixo e agradá-lo no chão. Ou então pise na guia, deixando pouco espaço no chão. Assim, quando o cão se acalmar, solte-o um pouco da guia e faça carinho nele, até que esteja completamente solta e o cachorro não esteja pulando em você.

163 • Quando meu cão faz xixi fora do lugar, eu costumo esfregar seu focinho no lugar onde ele fez e falar "não!". Mas não tenho tido sucesso. Existe outra maneira de ensinar?

Sim. Para ensinar seu cão a fazer as necessidades no local correto, não o repreenda quando perceber que está fazendo xixi ou cocô fora do lugar. Em vez disso, pegue-o enquanto estiver fazendo e leve-o para o jornal. Se ele fizer no jornal, nem que seja um pouquinho, deve ser premiado. E, quando surpreendê-lo fazendo no lugar certo, recompense-o imediatamente.

Você perceberá que, com o tempo, seu cão fará as necessidades no jornal e aguardará recompensa. A partir daí, poderá passar a apenas elogiá-lo.

164 • Minha Pit Bull não pode ver cavalos. Ela fica descontrolada e totalmente maluca. Parece até que fica surda, pois não ouve meus comandos. Isso tem explicação?

Ela se assusta com os cavalos. O tamanho e o barulho dos animais causam grande excitação nela. Por isso, não ouve seus comandos. Para ajudar no condicionamento do comportamento do cão, procure desde já não estimular esse tipo de reação.

165 • Meu Labrador tem 9 meses. De uns dias para cá, tenho notado que pedaços do meu carro estão faltando e eu estou em pânico. Isso tem solução?

Tem, sim. Seu cão está apenas muito ansioso. Tente reduzir essa ansiedade em um primeiro momento. Reserve mais tempo para fazer atividades com seu cão, pois essa raça precisa de muito contato físico com o dono. Então, procure não deixá-lo ocioso, criando algumas brincadeiras a fim de ocupá-lo. Uma dica é esconder petiscos para que ele os encontre.

166 • **Não consigo deixar minha SRD (Sem Raça Definida) sozinha nem por um minuto. Levei-a para tomar banho e, quando ela me viu, pulou de dentro da banheira e ficou presa na guia, quase se enforcando. A banhista levou um grande susto, pois quando foi pegá-la ela rosnou e tentou mordê-la. Questionei esse comportamento e fui informada de que, quando eu não estou, ela fica muito bem. O que eu faço?**

Sua cachorra provavelmente tem medo de tomar banho. Então, evite ficar perto dela quando estiver no banho, porque na sua presença ela se sente protegida. Eis o motivo de a cadela morder os banhistas. Os cães entendem que tem alguém para protegê-los, por isso ficam encorajados a morder.

167 • **Frequentei aulas gratuitas e coletivas de adestramento, porém meu cão quase não teve evolução. O que estou fazendo de errado?**

Você não está fazendo nada errado, mas o problema é o modo como está sendo conduzida a aula. Para que os alunos aprendam a forma correta de execução do exercício, precisam de um maior acompanhamento. Muitas vezes, você quer tirar uma dúvida, mas por causa dos outros tem vergonha de perguntar, de se sentir constrangido. Então o melhor é procurar um profissional que o oriente com exclusividade.

168 • **Tenho seis cães. Quando passa o caminhão do gás em frente da minha casa, o barulho que eles fazem é ensurdecedor. Todos começam a latir e a uivar juntos. Não consigo controlá-los. O que posso fazer?**

Você pode fazer também um barulho que seja inconveniente para eles. Faça de uma forma para que entendam que, toda vez que tiverem aquele comportamento, surgirá o seu barulho incômodo. Quando relacionarem uma coisa a outra, não vão mais uivar nem latir, mesmo quando você não estiver em casa.

169 • Tenho um Labrador de 2 anos e meio. Ele não pode ver piscina que já pula dentro. Mas tenho medo de ele se afogar. O que devo fazer?

Sempre que frequentar um lugar com piscina, você terá duas coisas a fazer: se for entrar na água, terá de mostrar a seu cão onde fica a saída da piscina, pois o animal morre afogado pela exaustão de não conseguir sair; se não for entrar na piscina, deixe-o contido, pois fora da água você não terá como lhe mostrar onde é a saída, caso ele mergulhe.

170 • Meu cão abre a gaveta do criado-mudo e rouba todos os pares de meias. Eu nem imagino como ele aprendeu isso, mas gostaria de cortar esse hábito. É possível?

Realmente, é um hábito curioso, mas bastante comum. Ou você evita que o cão tenha acesso a seu quarto, ou prende as gavetas com elástico. Assim ele não conseguirá abri-las e, após tentar várias vezes, desistirá. Ou, então, dê bronca nele assim que o pegar mexendo na gaveta.

171 • Quando meu cão pega algum objeto meu e vou tentar recuperar, ele rosna, avança e morde. Fico morrendo de medo. Isso tem solução?

Primeiro, esqueça o medo que sente dele. Segundo, ofereça algo em troca quando ele pegar algum objeto seu. Apesar de isso não ser o mais correto, já que ele poderá entender que foi recompensado por pegar alguma coisa sua, pelo menos é melhor do que tomar uma mordida.

Comece a ensiná-lo a soltar as coisas sob comando. Dê uma bolinha e, quando ele estiver com a bola na boca, mostre um petisco e diga o comando "solta!". Assim que ele soltar para pegar o petisco, você o recompensa.

Dê a bola novamente e repita o processo algumas vezes.

ADESTRAMENTO

172 • Minha Dálmata é muito brincalhona e dócil, mas, às vezes, rosna para desconhecidos. Ela nunca mordeu, mas tenho medo de soltá-la quando temos visitas. O que faço?

Ela rosna por medo e falta de aproximação com pessoas de fora da sua casa. Sua cadela precisa entender que as visitas são boas. Então, quando estiver com elas, não dê atenção fora do normal. Ou seja, mesmo com visitas, sua rotina será a mesma.

Você também pode colocar um portãozinho através do qual seu cão consiga vê-los, mas sem chegar muito perto. E, todas as vezes que ele estiver quieto, recompense-o. Peça que a visita também o recompense. E, assim, inicie a aproximação.

173 • Tenho um Bull Terrier que, há três meses, quebrou uma porta de vidro com uma cabeçada para chegar até minha Cocker, que estava no cio. Isso me preocupou, porque percebi que ele não tem limite. Há algo a fazer?

Aulas de obediência são uma boa opção. Bull Terriers realmente não têm limite. Como sua cabeça foi desenhada para duelos de gladiadores, eles não apresentam sensibilidade à dor na região da cabeça.

174 • Coleiras antilatidos com choque são eficientes?

Enquanto estão no pescoço do cão, sim. Mas não é o método mais apropriado, só usado em último caso. Cães latem por instinto. Se escapar um latido e ele perceber que está sem a coleira, o método torna-se ineficiente.

175 • Tenho um filhote de Golden que está comendo todos os meus móveis e sapatos. Ele não se intimida nem com a minha presença. Estou fazendo algo errado?

Seu cão não compreende que roer as coisas é errado; por isso, não se intimida com sua presença. Então, é necessário ensinar-lhe o comando "não!", para que entenda que é errado roer móveis e sapatos.

Ensinando o comando "não!", coloque petiscos na frente do seu cão. Quando ele for pegar, retire antes o petisco e diga "não!". Se o cachorro insistir em pegar o petisco, bata no chão com uma garrafa PET vazia escondida atrás de você. Com o barulho da batida, repita o comando "não!". Não é necessário falar alto, apenas fale de maneira que o cão entenda o que você está dizendo.

176 • Como acostumo meu cão com a caixa de transporte?

A caixa deve ser a casinha, a caminha do seu cão. Isso para que ele não se sinta mal quando for necessário viajar ou ficar na caixa.

O primeiro passo é fazer o cão entrar na caixa sem forçá-lo a isso. Se ele demonstrar muito medo, recompense-o apenas por se aproximar dela. Diga "caixa!" e recompense seu cão. Faça-o se aproximar, até colocar a cabeça dentro da caixa, então recompense-o. Coloque petiscos na caixa e mostre a ele. Quando entrar, feche a porta por mais ou menos um minuto. Solte seu cão e dê um petisco. Vá aumentando o tempo, e assim ele gostará da caixa como se fosse sua cama.

177 • Existem restaurantes aonde eu posso levar meu cão?

Existem, sim. Em alguns restaurantes, cães são bem-vindos, desde que sigam algumas regras de etiqueta:
• Devem ser mantidos na guia e próximos ao dono.
• Se necessário, devem obedecer aos chamados do dono.
• Não ficar latindo nem perturbando os outros ocupantes do restaurante.

178 • Meu Teckel destrói o jardim da casa da minha mãe. Por causa disso, ela já está muito brava. Ele cava túneis e sai do outro lado, é um maluco. O que posso fazer?

Modifique a atividade que traz alegria ao seu cão. Teckels foram desenvolvidos para caçar texugos dentro de túneis, por isso têm as unhas tão compridas e o corpo fino e longo. Deixe petiscos para seu cão se distrair, dê brinquedos e tente entretê-lo com outras atividades.

179 • Vi na TV um cão que andava na moto do dono e outro surfando com o dono. Como eles puderam aprender isso?

Tudo com os cães é feito por meio de condicionamento e repetição. Certamente eles fazem isso desde bem pequenos. Realmente, é preciso muito contato e interação com seus donos para que se consiga realizar essas tarefas.

180 • Meu cão ama passear. Pega a guia e traz para mim de quatro a seis vezes por dia. Mas não é sempre que estou disponível. Mesmo assim, geralmente largo o que estou fazendo e o levo. Estou certa?

Se ele está acostumado a fazer as necessidades na rua, está correto. Agora, se ele faz as necessidades dentro de casa, você pode levá-lo para passear somente quando puder, não quando ele quiser. É claro que pelo menos duas vezes por dia é necessário, mas não nas horas impostas por ele, pois isso confirma a liderança do cão em relação a você.

181 • Tenho quatro cães e dois gatos. Um dos meus cães faz necessidades na caixa de areia dos gatos. Ele pode ter aprendido isso sozinho?

Sozinho ele não aprendeu, mas sim com os gatos. Cães fazem suas necessidades em lugares absorventes. Então, se você não está acostumada a colocar jornal para seu cachorro e não lhe agrada a ideia de ele fazer as necessidades na caixa de areia, coloque jornal e o recompense por utilizá-lo.

182 • Meu Poodle não deixa ninguém pôr a mão nele, nem meus pais, senão avança. Por que ele tem esse tipo de comportamento?

Seu cão demonstra um comportamento relacionado a medo. Se, sem mais nem menos, não deixa que o toquem, ele pode estar sentindo dores também. Agora, se ele rosna quando tentam tirá-lo do sofá ou da cama, trata-se de liderança.

183 • Meu Beagle é muito bravo com outros cães. Isso quer dizer que ele é medroso?

Normalmente, medo não é uma característica própria dos Beagles. É claro que não podemos descartar um caso isolado. Temos de considerar o que aconteceu com ele nos três primeiros meses de vida, se, por exemplo, já brigou com algum cão e ainda podemos considerar o que você lhe transmite. Não o pegue no colo quando um cão se aproximar, senão afirmará seu comportamento.

Em geral, os Beagles são dominantes. Por serem pequenos, a maneira que encontram de impor sua liderança é rosnando ou até mordendo. Aulas de adestramento podem resolver o problema.

184 • Minha cadela não gosta de som alto, ficando desesperada. De uns tempos para cá, passou a não gostar de nenhuma altura do volume do rádio. Tem alguma maneira de melhorar isso?

Sim, mas temos de começar devagar. Ligue o som bem baixinho, lembrando-se de que a capacidade auditiva dos cães é muito maior que a nossa.

Com o volume quase inaudível, recompense-a com petiscos e carinhos. Brinque com ela como se nada estivesse acontecendo. Se demonstrar medo, não faça carinho de maneira nenhuma. Vá aumentado o som devagar. Esse processo levará dias para se completar.

Não tenha pressa, senão poderá pôr tudo a perder. Quando parar o exercício em um dia e for reiniciar em outro, pode partir do último volume usado. Serão necessárias paciência e persistência.

185 • Latir muito é fácil de corrigir?

Fácil não é, mas é possível. Qualquer comportamento indesejado pode ser corrigido, mas quando se torna um vício é mais complicado. No caso do latido, é preciso muita atenção no cão. Corrija-o sempre que latir, pois ele não irá entender que, às vezes, pode ou não latir.

186 • Meu cão é como se fosse meu filho. Tenho um escritório aonde ele me acompanha todos os dias. Às vezes, recebo clientes que não gostam de animais, mas não consigo deixá-lo preso, porque o cachorro late e uiva tanto, que nem consigo atendê-los. O que devo fazer?

Você precisa começar a condicioná-lo a ficar algum tempo sozinho, independentemente da presença de clientes.

Prenda-o, a princípio, por cinco minutos e, quando soltar, recompense-o. Se o cachorro latir, dê a bronca despersonalizada, fazendo algum barulho sem que ele veja você. Importante: não solte o cão enquanto ele estiver latindo, pois isso o fará entender que será solto, o que só vai piorar a situação.

Aumente progressivamente o tempo em que ele fica preso, até chegar a uma hora. Assim, quando receber clientes, poderá ter mais tranquilidade.

187 • Meu cão não consegue ficar longe de mim. Ele dorme na minha cama e, ultimamente, não deixa meu marido se aproximar. Estou ficando preocupada. Existe algo que eu possa fazer?

Seu cão está demonstrando um comportamento de líder. Você precisa demonstrar-lhe que é a líder, colocando-o para dormir fora da cama, regrando seu horário de comer, fazendo carinho só quando você quiser, não quando ele pedir. E não mude seu comportamento com o cão quando seu marido estiver em casa: não dê mais nem menos atenção ao animal.

Provavelmente, você precisará de ajuda profissional, mas com essas mudanças já será possível perceber algum progresso.

188 • Gostaria que meu cão fizesse suas necessidades somente na rua. Mas, quando saímos, ele não faz de jeito nenhum; chegamos em casa e ele faz tudo o que ficou segurando. Isso tem solução?

Seu cão não faz as necessidades na rua por insegurança. Leve-o sempre no mesmo local para passear e espere bastante tempo: brinque com ele, torne o local agradável e seguro. Assim, com o tempo, ele fará fora de casa. Quando isso acontecer, não se esqueça de recompensá-lo.

189 • Se pego a guia para levar meu cão para passear, ele começa a latir sem parar, corre para o elevador e volta latindo. O que eu faço?

Espere até ele parar de latir e se acalmar, então coloque a guia e vá passear com ele.

190 • Meu Labrador pula em pessoas na rua durante os passeios para festejá-las, mas não é todo mundo que gosta desse comportamento. Como evito isso?

Se é um cão previsível e você está acostumado com essa reação dele, antecipe-se e dê bronca assim que ele esboçar o pulo. Centralize a atenção do seu cachorro durante os passeios, leve bolinha e petiscos.

191 • Comprei uma casa linda e enorme para o meu cão. Mas estou com um problema: ele não entra lá de jeito nenhum, nem passa perto. Melhor devolvê-la?

Não precisa devolvê-la, você pode acostumá-lo a entrar na casa e a gostar dela. O primeiro passo é fazer o cão entrar sem forçá-lo a isso. Se ele demonstrar muito medo, recompense-o apenas por se aproximar da casa. Diga "casinha!" e dê-lhe um petisco. Assim, vá fazendo com que ele se aproxime mais, até que coloque a cabeça dentro da casinha e seja recompensado. Coloque petiscos lá dentro e mostre-os a seu cão. Quando ele entrar, recompense-o. Ponha um cobertor, para que ele se sinta aconchegado. Logo amará a casa.

192 • O portão da minha casa é eletrônico. Preciso fazer com que meu cão não fuja enquanto eu tiro ou guardo o carro. Posso ensinar isso a ele?

Pode, sim. Seu cão terá de aprender o comando "fica!". Ou então condicione-o a esperá-lo entrar com o carro no mesmo lugar do quintal. Isso para, quando ele vir o portão aberto, já saber onde deve esperar.

193 • É possível meu cão entender que não pode entrar na sala da minha casa? O limite dele é a cozinha, mas tem um portãozinho. Posso tentar tirá-lo?

É possível, sim. Retire o portãozinho e, todas as vezes que ele tentar entrar na sala, leve-o de volta à cozinha. Se tiver alguém na cozinha será melhor, porque, assim que seu cão tentar ir para a sala, alguém deve puxá-lo para trás por baixo das patas de trás. Após duas ou três repetições, ele entenderá que deve ficar na cozinha.

194 • Meu Boxer tem 5 meses. Ele adora picotar o papel higiênico do banheiro e passear com o detergente da cozinha. Isso já está ficando chato. O que eu faço?

A primeira coisa é não permitir o acesso do banheiro a seu cão. Ou então coloque uma armadilha na porta para que ele não entre. Encha uma latinha vazia de refrigerante com pregos, parafusos, coisas que façam barulho. Prenda-a na ponta de uma linha, e a outra ponta coloque na porta do banheiro, de modo que a linha fique elevada ao chão. Quando o cão passar pela porta, vai tropeçar na linha, a armadilha vai cair e o barulho vai assustá-lo. Até que ele desista, a latinha deve cair umas três ou quatro vezes.

Todas as vezes que o pegar com o detergente ou o papel higiênico na boca, diga o comando "não!" e tire dele. Não dê um vasilhame do detergente vazio para ele brincar, porque os cães não entendem que um está cheio e o outro vazio.

195 • Adotei um cão, mas ele sobe no meu carro e come as peças. Estou ficando maluca. O que posso fazer?

Você pode começar distraindo mais seu cão. Faça brincadeiras com ele, como esconder petiscos e fazê-lo procurar. Existem brinquedos em que colocamos petiscos dentro e que vão saindo durante a brincadeira.

Ou então passe algo amargo ou ardido nos locais que ele morde, para o cão entender que morder ali não é agradável.

196 • Bater em um cão educa?

Não, porque, ao apanhar, seu cão fica com medo de você e perde o respeito. Além disso, você incentiva a agressividade do animal, pois para toda ação existe uma reação.

197 • Todas as vezes que dou ossos para minhas cadelas, acontecem brigas. O que eu devo fazer?

Sempre que der o osso, supervisione e dê bronca na cadela que tiver a ação de agressividade. Assim você evita que elas briguem, além de mostrar que cada uma tem o seu. Evite dar osso fora do período de aprendizado.

198 • Não quero que envenenem minha Rottweiler. Como fazer com que a cadela não coma o que jogam para ela?

Existem algumas maneiras de ensinar um cão a não comer nada que esteja no chão:
• Se ela for muito obediente, jogue objetos no chão e diga o comando "não!". Peça que alguém jogue coisas do lado de fora e diga o comando "não!". Esconda-se e peça que alguém jogue coisas do lado de fora, e quando ela se aproximar da guloseima, faça um barulho bem alto de dentro de casa. Em outras situações, quando você chegar e encontrar algo no chão que sua cadela não comeu, não a autorize a comer, porque das próximas

vezes ela pode se antecipar e comer antes de você chegar. Mantenha a ração dela sempre no alto, na vasilha suspensa.

• Peça que alguém jogue em seu quintal um bife cru que foi imerso em óleo bem quente. Ela não conseguirá comer o bife, nem pegará o que jogarem para ela. Mas eu não considero esse método o mais eficaz, nem o menos doloroso.

• Peça que alguém jogue em seu quintal um bife cru com bastante pimenta. Ela não conseguirá comer nem pegará o que jogarem para ela.

199 • Como posso adestrar um cão para ele não cruzar com uma cadela que tenho no quintal?

Não há como adestrar um cão para não cruzar. Trata-se de uma necessidade instintiva do animal. Não tem como controlar. A solução é a castração de um ou de ambos.

200 • Meu cão da raça Pug é muito obediente. Fez aulas de adestramento e faz até algumas gracinhas. Só não consigo evitar que ele corra atrás da minha empregada e a intimide. Não sei o que posso fazer.

Seu Pug percebeu que ela tem medo e insegurança com relação a ele. A única pessoa que pode resolver o problema é a sua empregada. Diga-lhe que imponha limites ao cão e mostre a ele que não tem medo. Assim que ela mudar a atitude, o animal também mudará.

201 • Tenho um Chow-Chow que é muito dócil, mas às vezes se mostra agressivo com outros cães. Ele é meio temperamental. Dá para corrigir?

Dá para corrigir fazendo a socialização dele com outros cães. Antecipe sua reação: quando esboçar que vai pegar outro cão, dê bronca. Mas nunca dê bronca retirando o "adversário" do ambiente nem puxando seu cão para o lado contrário do animal que ele quis pegar. A bronca tem de ser dada na direção do outro cão. Leve-o frente a frente com o outro cão e diga o comando "não!".

202 • Tenho um casal de Schnauzers e vou começar a fazer aulas de adestramento com o macho. Tenho de começar com a fêmea também?

Não necessariamente. Acompanhando as aulas do macho, você pode tentar aplicar os exercícios na fêmea. Caso não consiga, aí sim peça ajuda ao profissional que está dando aulas ao seu cão.

203 • Posso começar a fazer aulas de adestramento com minha Lhasa Apso de 2 meses?

Pode, sim. O profissional vai à sua casa e inicia a educação de sua filhote. Nessa idade, o animal não pode levar broncas, ele vai ser moldado somente com estímulos positivos.

204 • Muitas vezes, acordo com meu cão em cima de mim. Ele joga o brinquedo para brincarmos no meio da madrugada. Se eu não brinco, ele começa a latir. Como devo agir?

Esconda os brinquedos antes da hora de dormir. Lembre-se: você dita as regras da brincadeira; seu cão deve brincar na hora que você quer e pode, mas não na hora que ele quer. De madrugada, dê bronca e coloque-o no lugar onde ele deve dormir. Durante o dia, quando ele pedir para brincar e você não achar conveniente, deixe-o latindo e ignore. Quando o cachorro parar de latir e se acalmar, você pega o brinquedo e o convida para brincar. Assim fica claro quem escolhe a hora da brincadeira.

205 • Se eu matricular meu cão em aulas de Agility, ele vai ficar mais calmo?

Vai, sim. Ele gastará energia com atividades físicas e, além disso, ainda precisará de muita concentração para atender aos comandos do treinador.

Adestramento

206 • Aulas de adestramento são somente para cachorros grandes?

Não, aulas de adestramento são necessárias para todas as raças. Muitas vezes, cães pequenos mordem mais do que os grandes.

207 • É possível meu cão atender a um comando para fazer xixi?

Sim. Todas as vezes que presenciar seu cão fazendo xixi, diga o comando "xixi!" e o premie com petisco. Então ele atenderá ao comando com algumas repetições.

208 • Como devo fazer para que meu que cão aceite que mexamos em sua comida enquanto ele come? Tenho criança em casa e fico com medo de isso causar acidentes.

Desde que o cão chegar em sua casa, dê-lhe comida enquanto ele estiver comendo. Acaricie-o, retire a vasilha e devolva-a algumas vezes. Peça que seu filho ou filha faça o mesmo. Se ele não demonstrar reação, premie-o com elogios e carinhos.

209 • Tenho um Labrador que derruba a vasilha de água toda vez que eu a coloco. Ele também deita em cima da molhadeira. Passo o dia enchendo a vasilha e ele derrubando. O que devo fazer?

Suspenda, eleve o bebedouro. Assim ele não terá como derrubá-lo.

210 • Meu Husky tem mania de fuçar o lixo. Há solução para isso?

Há, sim. Quando ele estiver fuçando o lixo, dê-lhe uma bronca despersonalizada, para que se assuste. Assim, ele vai associar a bronca ao lixo e não a você. Isso porque, se associar a uma pessoa, o cão não vai mexer no lixo, mas só quando tiver alguém por perto.

211 • **Meu cão tem 4 meses, adora brincar e correr. Quando ponho a coleira, ele deita no chão e não se levanta mais. O que eu faço?**

Deixe-o de coleira o tempo todo, para perceber que não está sendo machucado e que, com ela, pode andar, correr e brincar. Assim ele se acostumará. Depois da fase da coleira, começa o processo de se acostumar com a guia.

212 • **Vejo algumas pessoas dando comandos a seus cães em voz alta. É necessário falar alto com os cães enquanto os treinamos?**

Absolutamente, não. Os cães têm ouvidos muito mais sensíveis do que os nossos. Se ele souber o comando, executará perfeitamente, mesmo se você sussurrar.

213 • **Tenho uma Pinscher e, quando entramos em casa passando direto por ela, sem lhe dar atenção, ela belisca nossos calcanhares. Não há como melhorar essa prática?**

Apenas ignore. Quando ela parar de beliscar e tentar chamar a atenção, aí sim dê-lhe carinho e atenção. Nesse caso, não adianta nem dar bronca, porque será uma forma de recompensa. Será a atenção que sua cachorra estava querendo. Então, apenas ignore, até que ela pare de beliscar.

Criadores e Criação

214 • Quais critérios com relação ao lugar da compra eu devo levar em consideração quando for adquirir um cão?

Isso é muito importante. Antes de comprar um filhote, é interessante visitar canis que criem a raça escolhida. Peça para ver os pais brincando e solicite laudos preventivos de possíveis doenças congênitas, como a displasia coxofemoral. Analise as condições de limpeza do local, perceba se os filhotes brincam entre eles, se estão espertos e comendo bem.

Atenção para o preço que estão oferecendo: muitas vezes, o barato sai caro!

215 • Que fatores eu devo levar em consideração quanto a tempo, espaço, temperamento, entre outros, na hora de escolher o cão ideal?

Primeiro pesquise sobre a raça que mais o atrai, para que você saiba quais são as características básicas, por exemplo, necessidade de escovação e de espaço, grau de adestrabilidade e de agressividade, o quanto late. Se tudo for do seu agrado, aí sim o cão "bonito" que você quer pode ser seu. Caso contrário, procure mais um pouco, converse com amigos que têm cachorros, pesquise na internet e busque a ajuda de um especialista veterinário ou adestrador para lhe indicar uma ou algumas raças que se enquadrem no seu perfil.

216 • Na hora da compra, como escolher um filhote de toda a ninhada? Existe algum profissional que pode me ajudar nessa escolha?

Existem testes para a escolha do filhote ideal. Todos os filhotes são possíveis de serem adestrados, porém dá para escolher os mais fáceis e os mais difíceis. Desde bebês, identifica-se qual é o mais dominante, o mais medroso, entre outras características. Um adestrador pode ajudar na escolha do filhote ideal.

217 • Na hora da adoção, qual é a melhor escolha: um cão adulto ou um filhote?

Se você tem tempo para educar um filhote e está disposto a passar pela fase do "roer sapatos", "correr com o controle remoto" e outras molecagens dele, o ideal é adotar um filhote. Afinal, se ele for educado corretamente, será um excelente companheiro.

Porém, se você quer um cão tranquilo, que dorme bastante e não o surpreenda com o tamanho a que está chegando, adote um cachorro adulto. Independentemente da escolha, adotar um cão é o ideal.

218 • É verdade que um cão adotado já adulto dá mais trabalho para se adaptar que um filhote?

Tudo vai depender do cão, e não há diferença se é um filhote ou adulto, pois todos os cães adotados precisam passar por um processo de adaptação. Existem cães adultos que chegam ao novo lar e se adaptam tão bem, que parece que moraram por lá a vida toda. Isso vai variar de cachorro para cachorro.

219 • Quando escolho um filhote, tenho como saber se ele apresenta algum desvio de comportamento?

Num filhote, não é possível identificar desvios de comportamento. Isso aparece com o tempo e em situações normais, sem anunciar.

220 • O que é desvio de comportamento?

Desvio de comportamento são atitudes e comportamentos que não condizem com a raça nem com o temperamento do cão, por exemplo, um Labrador ser agressivo e morder.

Para que determinada atitude do cão seja considerada desvio de comportamento, ele não pode ter passado por nenhuma situação de estresse. Ou, antes de atacar, não ter demonstrado em nenhum momento que iria fazê-lo, tornando-se assim um cão não confiável.

221 • Adestrando um cão com desvio de comportamento, ele ficará "curado"?

As aulas de adestramento amenizam e controlam o problema do cão. Porém, ele sempre vai merecer atenção especial.

222 • Vou viajar por um longo período, mais ou menos quatro meses. Gostaria de saber se devo deixar meu cão na casa da minha mãe ou em um hotelzinho especializado?

Quatro meses é um período relativamente longo. Se sua mãe tem a possibilidade de ficar com ele, aproveite, pois ele estará numa casa que já lhe é familiar e com pessoas conhecidas. Isso causará conforto a todos; mas você correrá um risco quando voltar de viagem: ficar sem o cão.

Caso sua mãe não possa ficar com ele, escolha um hotelzinho em que o cão não fique em gaiolas. O melhor é que o cachorro faça atividade todos os dias e possa ter uma vida boa nesse período.

223 • Quando era solteira, eu ganhei um Teckel (antigo Dachshund), que acabou ficando na casa dos meus pais. Agora que estou casada, já tentei trazê-lo, mas moro em apartamento e ele chora muito. E agora, pego outro cão?

Se ele está feliz na casa dos seus pais e eles também, então realmente podemos pensar em partir para um novo cão.

Seu Teckel é acostumado a morar em casa e sentirá dificuldade de adaptação em apartamento. O novo filhote deve ser acostumado à sua rotina desde o dia em que chegar em casa. Não pense em deixá-lo na casa da sua mãe enquanto for filhote, senão terá de pensar em um terceiro cão.

224 • Tenho uma Yorkshire que assiste à televisão. Ela não suporta jogos de futebol ou bichos que apareçam na TV. Eu nunca a ensinei a ter esse comportamento, mas, quando ela olha para a televisão, todo mundo acha lindo. É normal?

É normal. E há cães que ficam excitados vendo futebol pela TV, porque querem pegar a bola. Como não conseguem, acabam latindo. O mesmo acontece quando veem outros animais na tela. Os cães não são sociáveis com outros cães, por isso tentam pegá-los. Achar bonitinho e fazer carinho só vão reforçar esse tipo de comportamento.

225 • Um cão herda características de comportamento de seus pais?

Sim. Assim como um cão herda a cor dos olhos ou a pelagem, ele recebe também características de comportamento dos seus pais. Então, antes de adquirir um filhote, peça para ver seus pais. E observe se não são agressivos, medrosos, se gostam de pessoas etc.

226 • Ter medo de cães significa não poder ter um filhote?

A vontade de ter um cão tem de ser maior do que o medo, e convivendo com ele desde filhote vai facilitar a relação. Mas cães precisam de contato físico, não são como gatos, que não exigem tanto.

Se seu medo não permite contato físico, escolha outro animalzinho, um passarinho, um peixe ou até um gato. Cães costumam fazer o estilo chiclete. Ou seja, se você quer dar e receber muito carinho, são perfeitos.

227 • Tratar um cão como ser humano pode ser prejudicial?

Sim, é prejudicial. Um cão tratado como um filho, por exemplo, pode ter problemas de liderança dentro de casa, inclusive mordendo o dono. Isso porque o cachorro consegue tudo o que quer e não admitirá ordens quando for repreendido pelo dono.

228 • Quero um cão de guarda para cuidar da minha empresa. Como procedo para que ele não faça festa para todo mundo?

Restrinja as pessoas que terão contato com ele. Apenas uma ou duas pessoas devem alimentá-lo. Deixe-o solto somente à noite. Aulas de obediência são importantes para o controle e o manuseio do cão.

Raças

RAÇAS

229 • Quais são as raças de cães mais indicadas para o convívio com crianças?

Existem cães de algumas raças que não são indicados para o convívio com crianças porque são brutos e, no simples ato de brincar, derrubam, machucam e deixam as crianças com medo, por exemplo, Bull Terrier, São-Bernardo e Pit Bull. Claro que podem pertencer a crianças também, mas precisam de algum trabalho de contenção.

No entanto, alguns cães são mais dóceis e adoram brincar. Golden Retriever, Labrador Retriever, Pug, Shih Tzu, Cocker Spaniel, Terrier Brasileiro (antigo Fox Paulistinha) e West Highland White Terrier são alguns bons exemplos, pois são bem tolerantes.

Qualquer raça possui cães que podem se acostumar a conviver com crianças, sem nenhuma restrição. Mas o ideal é adestrá-los, pois assim poderão ser mais "tolerantes" com certas coisas que as crianças fazem. Também é importante os pais orientarem os filhos a não machucar os cães.

230 • Tenho uma Basset Hound que, apesar de muito dócil, é extremamente chorona e teimosa. Essas são características da raça?

Realmente, os cães dessa raça choram muito, e isso ocorre pelo seguinte motivo: se você reparar bem, vai notar que eles não latem, então a comunicação deles acontece por meio do choro. Quanto à teimosia, ou a uma possível falta de inteligência associada aos Basset Hounds, deve-se entender que se trata da necessidade de esses cães repetirem diversas vezes determinados condicionamentos para que possam compreendê-los com clareza.

231 • Quais são as raças mais inteligentes que existem?

As dez raças mais inteligentes são:
1 - Border Collie;
2 - Poodle;
3 - Pastor Alemão;

4 - Golden Retriever;
5 - Doberman;
6 - Shetland Sheepdog;
7 - Labrador Retriever;
8 - Papillon;
9 - Rottweiler;
10 - Boiadeiro Australiano.

232 • Ouvi dizer que o Setter Irlandês não é um cão muito inteligente. Isso é verdade?

A inteligência canina é muito relativa. Em linhas gerais, o que conta é a quantidade de repetições de um condicionamento, para que o cão aprenda determinado comando. Por exemplo, um Border Collie, ao ouvir mais ou menos de oito a dez repetições de um comando, saberá executá-lo. Porém, um Setter Irlandês precisará de um maior número de reforços e recompensas ao condicionamento. Mas isso não o torna incapaz de aprender, porque, quanto mais o cão for estimulado, mais "inteligente" ele será.

233 • Muito se ouve dizer sobre o temperamento agressivo de raças como Pit Bull e Rottweiler. Eles são realmente agressivos ou esse temperamento violento é fruto do meio em que vivem e da forma como foram criados?

Os cães carregam traços do passado. O Pit Bull, por exemplo, foi criado para briga. Atualmente nos esforçamos para mostrar que ele pode conviver de forma pacífica com pessoas e cães. E, para que isso aconteça, é necessário que seja criado, educado e estimulado de maneira correta, tornando-se assim um cão dócil, amigo e companheiro. Mas, se o Pit Bull for educado e estimulado de maneira errada, acabará resgatando seu passado, tornando-se então uma verdadeira bomba-relógio pronta para explodir.

Já o Rottweiler foi criado para guardar o dinheiro que seu dono ganhava durante o dia, pois temia ser assaltado no retorno do trabalho para casa. Portanto, os cães dessa raça são de proteção e, se estimulados de forma incorreta, tornam-se muito agressivos. Novamente, tudo vai depender do modo como são criados, educados e estimulados. Se isso ocorrer da maneira correta, os Rottweilers serão excelentes e amorosos companheiros.

234 • Gostaria de ter um cão da raça Pit Bull. O que devo fazer para adquirir um animal com boa índole e que não se torne agressivo depois?

Conhecer os pais do filhote é um bom começo. Observe se eles brincam alegremente, se convivem com pessoas e cães.

O Pit Bull deve ser socializado desde filhote, por meio de diversas situações. Uma delas é incluí-lo em aulas de adestramento, pois com isso o animal se tornará calmo e muito confiável. O Pit Bull é uma raça altamente disposta a trabalhar e aprender, atende aos comandos com alegria e muita disponibilidade, mas, se manuseado de forma incorreta, pode se transformar numa arma letal, e claro, sem ter nenhuma culpa disso.

235 • Quais devem ser os critérios de escolha para a identificação da raça mais adequada ao futuro dono?

Os fatores que devem ser considerados são:
- Espaço onde o cão vai ficar.
- Agressividade.
- O que será esperado desse cão: guarda, companhia; se ele vai ficar muito tempo sozinho, se late muito. É preciso entender as características de sua raça.
- E, principalmente, se o cachorro requer muitos ou poucos cuidados de acordo com a pelagem, escovação, frequência de banhos, entre outros.

236 • Existe alguma raça inadequada para viver dentro de casa, ou isso depende de como o cão é criado desde o nascimento?

Realmente tudo depende da criação desde o nascimento. Porém, alguns cães possuem mais agressividade do que outros. Com as raças mais "violentas", é necessário um trabalho de adestramento desde cedo, e isso pode ser iniciado a partir da última vacina. Todos podem morar dentro de casa, desde que isso não venha a incomodar seu dono no futuro. Para cães, não existe talvez, nem sim, nem não, e o que não for permitido, o quanto antes ensinado e reforçado, melhor.

237 • Tenho cães de várias raças e algumas delas são incompatíveis. Como combiná-los em um mesmo local?

Na verdade, todas as raças são compatíveis. Entretanto, o mais difícil é controlar, durante uma briga, cães de diferentes raças fortes.

Uma boa dica para que o convívio entre eles seja tranquilo é acostumá-los a ficar juntos desde filhotes e a respeitar o dono, que deve ser para eles uma espécie de "líder" da casa.

238 • Quais são as raças mais indicadas para o convívio com idosos?

Raças mais calmas e que não necessitem de atividades intensas, nem demonstrem muita ansiedade. Basset Hound, Shih Tzu, Whippet, Pug, Maltês e Bichon Frisé são alguns bons exemplos. Utilizar capinhas de silicone para as unhas também são uma ótima opção, pois os idosos têm a pele mais fina e, se forem arranhados, se machucam facilmente.

239 • Quais são as raças caninas mais indicadas para conviver com os gatos?

Se o cão chegar depois do gato ou se os dois chegarem juntos, ainda filhotes, quase todas as raças são indicadas.

Somente não são indicadas as raças de caça, como Pit Bull ou Beagle. Mas isso não significa que não possam conviver bem.

240 • É verdade que os Dobermans sentem fortes dores de cabeça por causa do tamanho do crânio em relação ao tamanho da cabeça?

Não, isso é mito. Dobermans são bons cães de trabalho, são leves e não se cansam facilmente. Além disso, são obedientes, dóceis e companheiros. Qualquer cão de guarda bem adestrado se torna um animal equilibrado. Do contrário, ele se torna agressivo.

241 • Por que quase não vemos Dobermans nem Pequineses passeando na rua?

Raças novas foram surgindo e ganhando espaço na casa das pessoas. Outras raças pequenas se popularizaram, como Lhasa Apso, Shih Tzu, Schnauzer, Shetland Sheepdog e Yorkshire; por isso, a procura pelo Pequinês foi diminuindo. Ainda existem criadores da raça e eles continuam competindo em exposições de beleza, porém não o vemos mais com tanta frequência nas ruas.

No caso dos Dobermans, o mito e a substituição pelos Rottweilers colaboraram um pouco para que eles sumissem. Assim como os Pequineses, eles também continuam participando de exposições de beleza e ainda existem animais à venda. Porém, com os poucos criadores, o preço dos filhotes subiu bastante.

242 • Moro em apartamento e gostaria de comprar um Pit Bull. Quais são os problemas que poderei enfrentar?

Você deve estar preparado para enfrentar preconceitos e até injustiças em relação a seu cão. Primeiro, verifique se seu condomínio permite raças como essa. Depois, tenha consciência de que deixá-lo confinado na área de serviço lhe fará muito mal, já que ele precisa de atividades físicas.

Tudo o que for feito por um Pit Bull será gravemente aumentado; por isso, para evitar quaisquer transtornos, socializá-lo desde filhote é fundamental. Então, para que você confie em seu cão, contratar um bom profissional de adestramento também é importante.

243 • Passo o dia todo fora e moro sozinho. Gostaria de adquirir um cão e, por isso, pergunto se existe alguma raça que seja pouco dependente.

Algumas das raças não tão dependentes são Chow-Chow e Shih Tzu; no entanto, eles também precisam de atenção, passeios, carinho etc. No geral, são raças mais independentes que as outras. Mas muitas horas por dia sem companhia podem gerar tédio, e isso não é nada bom nem para o cão, nem para a casa onde vivem. Procurar um passeador ou uma creche especializada é uma boa opção.

244 • Sempre ouvi dizer que os Labradores eram mansos e de boa índole, mas conheço um que avança e morde sem motivos. O que acontece com ele?

Este cão certamente sofre de desvio de comportamento.

245 • Ganhei um cãozinho que me disseram ser um Lhasa Apso. Mas, comparando-o com outros da mesma raça, eu percebi que se trata de um Shih Tzu. Isso já aconteceu?

Lhasa Apso e Shih Tzu são duas raças muito parecidas, a não ser por pequenas diferenças. O focinho do Shih Tzu é achatado, e o do Lhasa, mais comprido e fino. Além disso, os olhos do Shih Tzu são mais saltados.
Para evitar essa confusão, procure canis especializados na raça antes de adquirir seu animal. Pode-se castrar o cãozinho, já que os padrões da raça não estão completamente de acordo com as especificações existentes.

246 • Cães grandes podem viver em apartamento?

Algumas raças sim, como Golden Retriever, Chow-Chow, Rottweiler, entre outras. Mas cães que moram em apartamentos devem passear de duas a três vezes todos os dias. Ficar confinado sem passeios não combina nem com os cães pequenos.

247 • Andei observando e, assim como a minha Beagle, os outros também têm a ponta do rabo branca. Isso é padrão da raça ou existe alguma outra explicação?

Beagles são cães farejadores, que farejavam geralmente no meio do mato. Se você reparar, o rabo deles fica mais alto do que a cabeça. Então, a ponta do rabo branca servia para localização do cão enquanto farejava. Hoje faz parte do padrão da raça.

248 • Tenho um Cocker. Quando o comprei, disseram-me que era ótimo guarda de quintal. Ele late, é companheiro, mas não serve para guardar o quintal. Fui enganada?

Sim. Cockers não são cães de guarda, nem de alerta. Eles pertencem a uma raça de cães de caça de aves e de farejadores. Mas, para guarda, seu cão definitivamente não é apropriado. Mesmo assim, ele merece o carinho e o afeto da família.

249 • Tenho uma Poodle gigante e também uma Poodle Toy. O comportamento das duas é totalmente diferente, mesmo se tratando da mesma raça. O que acontece com elas?

Na verdade, não se trata exatamente da mesma raça. Os cães têm temperamentos diferentes: o Poodle padrão era o gigante e, a partir dele, foi desenvolvido o Toy, com diferenças no temperamento, sim.

250 • Adoro a raça Pit Bull, mas minha esposa tem muito medo. Posso comprar um exemplar sem medo?

Não, pois se uma pessoa tem medo de certa raça, ela não deve ser forçada a conviver com o cão. Assim como fazemos com os cachorros, nunca forçamos alguém a perder o medo. Medo realmente é algo que pode atrapalhar a evolução de um cão, de uma pessoa e da relação entre ambos. Aos poucos, leve sua esposa à casa de alguém que tenha um exemplar manso, deixe que ela se aproxime com cautela e depois pense em adquirir um Pit Bull.

Alimentação

ALIMENTAÇÃO

251 • Quais são os tipos de ração disponíveis no mercado?

As rações disponíveis no mercado são as Standard (de baixa qualidade), Premium (de qualidade mediana) e Super Premium (de excelente qualidade). Estas são qualificadas de acordo com o nível de proteína bruta existente em sua composição.

252 • Meu Yorkshire quase não come. Já tentei de tudo, comida caseira, ração, latinha e nada. O que devo fazer?

Yorkshires são bem pequenos, e seu estômago também é bastante reduzido. Muitas vezes, pensamos que os cães precisam de bem mais do que o necessário. Para valorizar a ração, você deve oferecer a quantidade indicada no pacote de ração seca no período da manhã e aguardar 20 minutos. Se o animal não comer, retire o alimento e não lhe dê mais nada até o final da tarde; então, repita o processo. Se o cachorro insistir em não comer, ofereça a ração antes de ele dormir (não pode dar outra coisa. Lembre-se de que um estômago pequeno fica cheio com pequenas quantidades de alimento). Na manhã seguinte, se você oferecer-lhe ração e ele permanecer em jejum, procure a ajuda de um veterinário. Mas, no geral, o problema estará resolvido.

253 • Até que idade eu devo dar ração de filhote ao meu cão?

Até 12 meses (para cães de pequeno e médio porte) e 18 meses (para cães de grande porte).

254 • Uma fêmea prenhe precisa de vitaminas?

Fornecer-lhe apenas ração de filhote já compensa as vitaminas de que precisa. Escolha uma ração para filhotes Super Premium enquanto ela estiver prenhe.

255 • As rações Indoor realmente deixam as fezes com menos cheiro?

Sim, elas têm uma quantidade menor de fibra. Por essa razão o cão faz menos fezes, menos vezes. Para apartamento, realmente é melhor, faz diferença.

256 • Quantas vezes por dia um filhote deve se alimentar?

Até 4 meses, de três a quatro vezes por dia. Após essa idade, de duas a três vezes por dia. Quando adulto, o ideal é duas vezes por dia.

257 • A alimentação influencia no comportamento de um cão?

O tipo de alimento não, mas como é fornecido sim. Se ficar à vontade, o cão não valorizará a comida e passará a beliscar e não se alimentará corretamente. Por isso, vai passar a pedir comida próximo à mesa dos donos, e isso é muito ruim, porque, quanto mais alimento ele ganhar, mais vai pedir e se sentir líder, deixando de comer ração da maneira correta.

258 • Meu Labrador está bem gordinho. Já troquei a ração para light, mas ele não está emagrecendo. Será que está doente?

Ele não está doente, só precisa de atividade física e não comer nada além da ração light, com a quantidade indicada no pacote da ração. Quanto às caminhadas, comece devagar com ele e vá aumentando todos os dias, até atingir uma hora por passeio.

259 • Existem cães alérgicos à ração?

Sim, existem cães que podem comer apenas comida caseira e, às vezes, não podem ingerir carne ou frango, e a comida tem de ser especial. Coceiras, vermelhidão, diarreia e vômito são sintomas de intolerância à alimentação.

ALIMENTAÇÃO

260 • Quais frutas eu posso dar aos meus cães?

Evite apenas as ácidas, como abacaxi, tangerina e laranja. Quando der frutas, diminua um pouco a ração; para cães acima do peso ideal (de acordo com o padrão indicado pela CBKC), uma das refeições pode se transformar em frutas.

261 • Meu Poodle come biscoitinhos com manteiga todas as manhãs. Sei que não é muito indicado, mas, se dou sem manteiga, ele não come. É melhor eu usar margarina ou manteiga light?

É melhor não usar nenhuma delas. Realmente, é melhor tirar até o biscoito. Ele não come porque sabe que você vai colocar manteiga, mas, sinceramente, se quer viver mais tempo ao lado dele, evite colocá-la.

262 • Apesar de comer bem, meu Lhasa Apso está tão magro, que chego a ver seus ossos. O que acontece com ele?

Ele pode estar anêmico, ou não estar absorvendo a ração como deveria. O melhor a fazer é consultar um veterinário de confiança para alguns exames.

263 • É bom usar enlatados em todas as refeições do meu cão?

Isso não é indicado. Apenas uma colher de sopa é o suficiente, senão o cão acabará se acostumando e só comerá quando tiver carne, exatamente como o exemplo do Poodle da questão 261.

264 • Os cães grandes precisam comer mais vezes ao dia?

Não precisam. Se forem adultos, duas vezes ao dia são o suficiente. Procure dividir entre manhã e noite.

265 • Existem rações específicas para problemas intestinais? E para problemas renais? E estomacais?

No mercado, existem muitas possibilidades para qualquer cachorrinho especial. Converse com o veterinário; se houver alguma indicação, fique tranquilo, pois as rações específicas darão qualidade de vida ao cão.

266 • Tenho um Cocker que é muito faminto. Se eu lhe der ração oito vezes ao dia, ele come com bastante apetite. Estou preocupada, o que devo fazer?

Controlar a ração antes que ele fique obeso. No geral, Cockers são muito fominhas e, se formos considerar seu apetite, eles comem o saco de ração inteiro em dois dias.

267 • Os cães podem comer juntos na mesma panela?

Isso não é aconselhável, para evitar brigas e desentendimentos.

268 • Deixei minha cachorrinha com minha mãe enquanto viajei e ela me disse que o animal não comeu nada. Não posso mais viajar?

Ficar dois dias sem comer na sua ausência é normal, mas deve acabar nesse prazo. Se ela ficou com a sua mãe mais de três dias sem comer, e se isso acontecer outra vez, leve-a ao veterinário. Por mais que sinta falta, ela não pode ficar mais que três dias sem comer.

Leia também:

O cão em nossa casa:
como criar, tratar e adestrar
Théo Gygas

ISBN: 978-85-7555-107-3
144 páginas

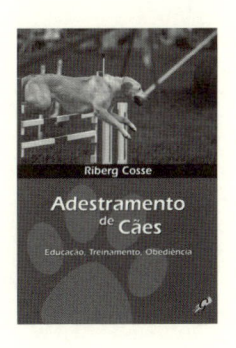

Adestramento de cães:
educação, treinamento e obediência
Riberg Cosse

ISBN: 978-85-7555-107-3
108 páginas

Impressão e Acabamento
Bartira
Gráfica
(011) 4393-2911